苑利 顾军 主编 ｜ 中国文化遗产保护北斗丛书

中国非物质文化遗产博物馆建设工作指导手册

黄洋 著

学苑出版社

图书在版编目（CIP）数据

中国非物质文化遗产博物馆建设工作指导手册 / 黄洋著. — 北京：学苑出版社，2023.11

（中国文化遗产保护北斗丛书 / 苑利，顾军主编）

ISBN 978-7-5077-6817-6

Ⅰ.①中… Ⅱ.①黄… Ⅲ.①非物质文化遗产—博物馆—工作—中国—手册　Ⅳ.① G122-28

中国国家版本馆 CIP 数据核字（2023）第 214352 号

出 版 人：	洪文雄
责任编辑：	周　鼎
装帧设计：	黄　辉　齐立娟
剪纸收藏：	杨　毅
出版发行：	学苑出版社
社　　址：	北京市丰台区南方庄 2 号院 1 号楼
邮政编码：	100079
网　　址：	www.book001.com
电子信箱：	xueyuanpress@163.com
联系电话：	010-67601101（营销部）　010-67603091（总编室）
印 刷 厂：	廊坊市印艺阁数字科技有限公司
开本尺寸：	787 mm × 1092 mm　1/32
印　　张：	6.5
字　　数：	117 千字
版　　次：	2023 年 11 月第 1 版
印　　次：	2023 年 11 月第 1 次印刷
定　　价：	48.00 元

总　序

据说，地球上共有动物150多万种，但从起源角度看，无论是有脊椎动物，还是无脊椎动物，它们的起源都远远早于人类。哪怕是一只鳄鱼，一只壁虎，一条蚯蚓。但令人不解的是，为什么在生物进化过程中，后起的人类居然能异军突起，并将那些早于自己的动物，远远地抛在自己的身后？原因很简单，小动物们活着靠的是本能，而人活着除了靠本能之外，还在于他们善于学习。不管经历与否，只要他们学到了相关知识，就能利用这些知识去解决面对的问题。当然，一个人的阅历毕竟有限，全靠自己的亲力亲为去获取知识并不现实。这就要求我们在多走多看、增加阅历的同时，多向别人学习，特别是向在5000年中华文明史上，创造过各种文明的祖先们学习，看看祖先们是怎么解决这类问题的。

祖先的经验传递通常会以以下三种方式进行：一种是以典籍的方式将知识与经验传递给我们，一种是以文物的形式将知识与经验传递给我们，最后一种是以口传心授的方式将知识与经验传递给我们,这便是我们通常所说的非物质文化遗产。既然祖先是以上述三种方式,将他们的知识与经验传递给我们的,我们在研究祖先智慧时,就应该打通壁垒,从文献、文物以及非物质文化遗产等多个层面与维度,对祖先遗产进行全方位解读与研究。

在各类遗产中,物质文化遗产似乎是最靠谱的存在。原因是它本身就是历史的一部分,通过它当然可以反观历史,反观祖先在历史上创造的各种文明。但只保护物质文化遗产尚远远不够,因为它很难回答这种文明是怎样创造出来的。与它相比,非物质文化遗产似乎更容易回答这个问题。原因在于,非物质文化遗产尽管不是秦砖汉瓦,但它是秦砖汉瓦的烧制技术;尽管它不是故宫长城,但它是故宫长城的建造技术。从表面上看,非物质文化遗产似乎只是活在当下的存在,但实际上它同样是历史的一部分。我们完全可以通过取今证古的方法,用它来解读历史上的各种文明。当然,对于中国这样一个具有3000多年文字使用史的民族来说,只保护好物质文化遗产与非物质文化遗产仍然不够,因为这些文物及文物制作技术背后的许多东西——如作者的设计理念等,通常都是通过文字记录下来的。所以,在对物质文化遗产与非物质文化遗产实施"成对儿"保护的同时,还应注意到对相关文献的保护与研究。正是出于这样一种理念,我们在设计这套丛书时,并没有将目光局限于我们擅长的非物质文化遗产自身，而是在关注非物质文化遗产的同时，也将目光投向了物质文化遗产和文献遗产，并期望通过这种全方位的关照，为祖先遗产的保护，找出更多规律性的东西。

苑 利

2022年9月

前　言

我国历史悠久，文化底蕴极其深厚。在这个过程中，祖先为我们创造了丰厚的物质文化遗产，也以活态形式为我们传承下了丰富的非物质文化遗产。经过20年的保护，我国目前已建立国家、省、市、县四级非遗名录体系，认定非物质文化遗产代表性项目10万余项，入选联合国教科文组织非遗名录43项。

为了让更多的人了解到祖先留给我们的遗产，各地政府建立了各种各样的博物馆，这其中当然也就包括了非物质文化遗产博物馆。作为博物馆专业的学子，我参观过各种各样的非物质文化遗产博物馆，甚至参与过几座非物质文化遗产博物馆的建设，总体感觉是"思想认识有偏差，落地实践有距离"，需要解决的问题太多太多。

那么，什么是非物质文化遗产博物馆？非物质文化遗产博物馆与一般的民俗博物馆又有着怎样的联系与区别？非物质文化遗产博物馆的定位与功能是什么？这些基础的概念是理解一切的基石，弄明白了概念，才算是拿到打开非物质文化遗产博物馆之门的钥匙，里面的万千洞天才会慢慢地呈现在我们眼前，我们也会因有北斗的指引而不至"迷路"。

只要接受建设，接下来的问题就更多了。诸如为什么建设非物质文化遗产博物馆？虽然非物质文化遗产博物馆是展示当地优秀文化的重要窗口，是考核政府政绩的重要内容，但建馆的初衷肯定不是为此而简单地完成"作业"，而是要为展现当地文明开启一扇窗口，并通过这扇窗告诉大家"我是谁""我从哪里来""我到哪里去"。让当地人从这里找到自己的历史，看到自己的未来，明白在世界文化之林中自己到底占有什么位置，在这里找到自信心、自豪感，让路过的群众也随之刮目相看。

那么，到底什么是一座好的非物质文化遗产博物馆？在博物馆里，我们到底应该向观众讲述怎样一个故事？也就是说，在布展时我们要呈现出一条什么样的"故事线"？又用什么样的方式去呈现这个故事？传统意义上的展示都是以物为本，静态为主，而非遗最突出的特性是活态传承，那么，我们又如何将"静"与"动"协调起来，通过"静"来展示"动"的规律？

非遗种类众多，在展示过程中，民间文学与表演艺术在展示方法上肯定不同，但不同之处在哪儿？非遗的制成品，如纺织品、年画、雕塑，还会因材质的不同，需要不同的光源，否则就会对展品造成不可逆的损坏。那么，我们如何才能在展示中保护，又在保护中展示呢？这两者之间的平衡点又在哪里呢?

随着研学热的兴起,我们又应如何改变对策,根据青少年、中青年以及老年观众的不同需求,为他们的参观"量身定制"?再如,非遗制成品与博物馆的文化创意产品是完全不同的两码事,我们又应如何将它们区分开来,并找到两者各自的发展空间?

这一个个问题理清楚了,解决了,非物质文化遗产博物馆才能真正顺利地建设起来。可见,非物质文化遗产博物馆建设既需要知识的普及,也需要理念的传播,而这也正是我出版这本小册子的意义。

黄 洋

2023年4月18日于上海大学

目 录

一、规划建设篇

一 什么是非物质文化遗产博物馆? / 003

二 为什么建设非物质文化遗产博物馆? / 005

三 非物质文化遗产博物馆与民俗博物馆的区别
在什么地方? / 007

四 非物质文化遗产博物馆属于博物馆大家庭中的
哪一类? / 009

五 从展示内容看非物质文化遗产博物馆主要
可分为哪些类型? / 011

六 非物质文化遗产博物馆归哪个部门管理? / 013

七 如何才能将非物质文化遗产博物馆建成
非遗传承基地与实践基地? / 015

八 建设非物质文化遗产博物馆有哪些经费来源? / 017

九 政策上是否允许私人举办非物质文化遗产博物馆? / 019

十 为什么建馆之前要进行可行性研究? / 022

十一 博物馆建设可行性报告包含哪些内容? / 024

十二 馆名可以出现"中国"或"中华"一类的字样吗? / 026

十三 为什么说馆舍建筑设计任务书非常重要?主要包括哪些内容? / 028

十四 为什么说场馆建筑设计时功能比美观更重要? / 030

十五 利用现有建筑改造成非物质文化遗产博物馆应注意哪些问题? / 032

十六 界定大、中、小型博物馆的标准是什么? / 035

十七 非物质文化遗产博物馆建设多大规模比较合适? / 037

十八 如何划分非物质文化遗产博物馆的空间建筑布局? / 039

十九 为什么说库房是博物馆的"心脏"? / 041

二十 为什么一定要预留临时展厅? / 043

二十一 为什么要充分考虑到博物馆的公共空间? / 045

二十二 什么是智慧博物馆?建设智慧博物馆需要注意哪些问题? / 047

二、运营管理篇

一 为什么要撰写非物质文化遗产博物馆章程?它主要包括哪些内容? / 053

二 为什么说确定博物馆的宗旨至关重要? / 056

三　非物质文化遗产博物馆如何盈利？　/ 058

四　如何设置非物质文化遗产博物馆的业务部门？　/ 060

五　非物质文化遗产博物馆馆长要具备哪些条件？　/ 062

六　什么是博物馆的定级评估？　/ 064

七　申报国家一二三级博物馆需要走哪些程序？　/ 066

八　《博物馆条例》有哪些内容需要特别注意？　/ 068

九　什么是理事会制度？博物馆采用理事会制度有什么好处？　/ 070

三、藏品管理篇

一　什么是藏品？非物质文化遗产博物馆藏品具有哪些特殊性？　/ 075

二　哪些非物质文化遗产制成品可以被认定为"文物"？　/ 077

三　非物质文化遗产博物馆藏品搜集有哪几种来源？　/ 079

四　购买非物质文化遗产相关物品需要走哪些程序？　/ 081

五　接受非物质文化遗产传承人捐赠需要走哪些程序？　/ 083

六　非物质文化遗产博物馆藏品需要走哪些管理流程？　/ 085

七　如何理解非物质文化遗产博物馆的藏品管理原则？　/ 087

八　什么是藏品总登记账？为什么需要专人管理总账？　/ 089

九　什么是编目？藏品需要登记哪些重要信息？　/ 091

十　什么是藏品档案？　/ 093

十一　什么是预防性保护？如何保证藏品在库房"不生病"？　/ 095

十二　提取利用藏品需要走哪些程序？　/ 097

十三　什么是藏品注销？为什么不能轻易注销藏品？　/ 099

十四　非物质文化遗产博物馆的藏品能否进行买卖？　/ 101

四、展览展示篇

一　什么是展览？　/ 105

二　非物质文化遗产博物馆展览的工作流程是什么？　/ 107

三　什么是内容设计？　/ 109

四　什么是展览大纲和展览脚本？　/ 111

五　如何确定非物质文化遗产博物馆的展览主题？　/ 113

六　什么是形式设计？具体包括哪些内容？　/ 115

七　什么是参观动线？规划动线应注意哪些问题？　/ 117

八　什么是概念设计？　/ 119

九　什么是深化设计？　/ 121

十　什么是施工布展？　/ 123

十一　如何设计非物质文化遗产博物馆的展览灯光？　/ 125

十二　什么是辅助展品？辅助展品主要有哪些类型？　/ 127

十三　展品应该如何包装运输？　/ 129

十四 非物质文化遗产博物馆展品的展陈方式有哪些? / 131

十五 如何展示民间文学类遗产? / 133

十六 如何展示传统表演艺术类遗产? / 135

十七 如何展示传统工艺美术类遗产? / 137

十八 如何展示传统工艺技术类遗产? / 139

十九 如何展示传统仪式类遗产? / 141

二十 如何展示传统节日类遗产? / 143

二十一 如何展示传统农业技术类遗产? / 145

二十二 展陈时如何有效保护展品? / 147

五、教育传播篇

一 非物质文化遗产博物馆教育活动包括哪些内容? / 151

二 为什么要在大中小学设立小型非遗专题博物馆? / 153

三 如何认识非物质文化遗产博物馆的观众? / 155

四 什么是"馆校合作"? / 157

五 什么是"研学"?如何做好"研学"工作? / 159

六 在非物质文化遗产博物馆适合哪些手工技艺展演? / 161

七 如何与第三方社会机构合作开展非遗研学活动? / 163

八 什么是博物馆文创产品? / 165

九 非物质文化遗产博物馆如何进行 IP 授权? / 167

附录 中国非物质文化遗产博物馆名录 / 169

一、规划建设篇

一 什么是非物质文化遗产博物馆？

目前所见与非物质文化遗产相关的展馆叫法各有不同，有叫非物质文化遗产馆、非物质文化遗产博物馆、非物质文化遗产展示馆的，也有叫非物质文化遗产展览馆、非物质文化遗产博览馆、非物质文化遗产体验馆的。上述命名的共同特点都是"非物质文化遗产＋某某馆"，非物质文化遗产是限定词，表明展馆的主题，某某馆则更强调场馆的属性。

其实，从实践操作来说，上述诸馆虽叫法各异，但其实并无本质区别。2021年，中共中央办公厅、国务院办公厅印发的《关于进一步加强非物质文化遗产保护工作的意见》指出，"在现有基础上，统筹建设利用好国家非物质文化遗产馆，鼓励有条件的地方建设非物质文化遗产馆"。这里的非物质文化遗产馆涵盖了非物质文化遗产展馆的所有类型。

那么，什么是非物质文化遗产博物馆呢？

首先，我们要先弄清楚什么是博物馆。国际博物馆协会最早于1946年对博物馆进行明确定义。在历次定义中，国际博物馆协会将博物馆的藏品定义为"人类及其环境的见证物"或"人类及其环境的物证"。2004年，国际博物馆协会在韩国召开大会，对博物馆定义进行了修改，工作对象变成了"人类及其环境的物质和非物质遗产"。首次将非物质文化遗产视为博物馆收藏、研究、展示、传播对象。

2007年8月24日，国际博物馆协会在维也纳召开全体大会，通过了修改后的《国际博物馆协会章程》，认为"博物馆是一个为社会及其发展服务的、向公众开放的非营利性常设机构，为教育、研究、欣赏的目的征集、保护、研究、传播并展出人类及人类环境的物质及非物质遗产"。2022年，国际博物馆协会对博物馆定义进行了修订，同样强调了非物质文化遗产对于博物馆的重要性。认为非物质文化遗产博物馆是博物馆的一个重要类型，是非物质文化遗产题材的主题博物馆。

参考博物馆的定义，可以将非物质文化遗产博物馆定义如下，为社会服务、向公众开放，集传承、体验、教育、培训、旅游于一体的非营利性常设机构，它收藏、保护、研究、阐释和展示非物质文化遗产，有力地促进了文化多样性和文化的可持续发展。

二 为什么建设非物质文化遗产博物馆？

2006年元宵节，中国非物质文化遗产保护中心在今中国国家博物馆，举办了首届中国非物质文化遗产展，时间长达一个月，展览盛况空前。2008年元宵节，中国非物质文化遗产保护中心又在中华世纪坛，举办了第二届中国非物质文化遗产展，受到百姓热烈欢迎。2009年元宵节，中国非物质文化遗产保护中心又在全国农业展览馆，举办了"中国非物质文化遗产·传统技艺大展"，邀请200多名全国各地的非物质文化遗产传承人到北京，展示了"传统技艺"的无穷魅力，受到了社会各界的热烈欢迎。上述展览的成功举办说明了公众对于非物质文化遗产的热爱，但也引发了人们更多的思考——我们为什么不去建设专门的非物质文化遗产博物馆？

习近平总书记强调要让文物"活起来"，他指出："要系统梳理传统文化资源，让收藏在禁宫里的文物、陈列在广阔大地上的遗产、书写在古籍里的文字都活起来"。非物质文化遗产来自广大民众的创造，人民群众是非物质文化遗产的真正主人。建设非物质文化遗产博物馆是践行"人人参与非遗保护，人人共享传承成果"的有力途径。具体来说，建设非物质文化遗产博物馆有以下几方面意义：

第一，收藏保护非物质文化遗产。2021年，国务院批准并公布了第五批国家级非物质文化遗产代表性项目名录，国家级非遗代表性项目共有1557项，包括民间文学类遗产167项，传统音乐类遗产189项，传统舞蹈类遗产144项，传统戏剧类遗产171项，曲艺类遗产145项，传统体育、游艺与杂技类遗产109项，传统美术类遗产139项，传统技艺类遗产287项，传统医药类遗产23项，民俗类遗产183项。现已认定的国家、省、市、县四级非遗代表性项目10万余项。

第二，活用非物质文化遗产。博物馆既是历史遗产的"投影机"，也是当代文化的"发生器"。习近平总书记指出："历史文化遗产不仅生动述说着过去，也深刻影响着当下和未来；不仅属于我们，也属于子孙后代。保护好、传承好历史文化遗产是对历史负责、对人民负责。"

第三，满足人民群众美好生活需要。建设非物质文化遗产博物馆符合习近平总书记关于文化和旅游工作重要指示批示的要求，是加强文化遗产保护、构建中华优秀传统文化传承体系的重要措施。非物质文化遗产博物馆能在满足人民美好生活需要，引导公众尤其是青少年认识非遗、尊重非遗，不断增强公众自发保护非物质文化遗产意识，推进传统与现实生活的整合融合等方面发挥重要作用。

三 非物质文化遗产博物馆与民俗博物馆的区别在什么地方？

弄清楚非物质文化遗产博物馆与民俗博物馆区别的关键在于"博物馆"前限定词"非物质文化遗产"与"民俗"之间的区别与联系。

"民俗"一词是中国民俗学界或民间文化界一直使用的词汇，类似的还有"民俗文化""民间文化""民族民间文化"等。"非物质文化遗产"是后来出现，但目前使用较为广泛的学术名词。有人认为由"民俗"到"非物质文化遗产"是换汤不换药，只是贴上了一个时髦的标签，听起来更高大上。但其实两者的含义还是有所差别的。

非物质文化遗产包含 10 大类，其中一类就是民俗。但这并不是说非物质文化遗产范围更大。其实，民俗的涵盖面也很广，在界定上，只有经过申请，经批准加入非物质文化遗产名录的民俗，才是民俗类非物质文化遗产。因此，非物质文化遗产和民俗可以说是你中有我、我中有你的关系，两者交叉重合的部分是民俗类非物质文化遗产。

回头来说非物质文化遗产博物馆与民俗博物馆，两者可以说是两种不同类型的博物馆。如果要比较，从数量上看，目前民俗博物馆远多于非物质文化遗产博物馆。从举办者来说，民俗博物馆更为复杂，而且很多是私人、私有企业创建的；非物质文化遗产博物馆虽然也有私人创办的，但从整体上看，更多的是政府的官方行为。

但两者之间的相似性还是非常突出的，这是因为非物质文化遗产和民俗都具有活态性，都有一定的物质载体，这样的特性也就决定了两者在收藏、展示方式等方面都面临着非常相似的问题，如展示的时候如何"活起来"，怎样才能让生生不息的活态遗产和民俗不在展厅中变得"死气沉沉"。当然，很多民俗博物馆对于非物质文化遗产项目都重点说明及展示，或者专门设置非物质文化遗产传承人工作室、展演区，让非物质文化遗产的技术和技艺得到更充分的展示。

值得一提的是，有的地方将非物质文化遗产馆与民俗博物馆合二为一，一个馆舍，一套人马，两块牌子。如南京市民俗博物馆（南京市非物质文化遗产馆）就是如此。

四 非物质文化遗产博物馆属于博物馆大家庭中的哪一类？

在公共博物馆诞生的几百年中，演变出了各种各样的博物馆。这些博物馆的具体任务和服务对象有所不同，对藏品征集、保管、展示、教育的内容、形式和方法也有所不同。根据不同标准，博物馆可以分为不同的类型。非物质文化遗产博物馆就是其中的一个重要类型。

按照管理体制和隶属关系的划分，博物馆可分为文化文物系统国有博物馆、其他行业国有博物馆与非国有博物馆。文化和旅游局基本都下属有非物质文化遗产保护中心，中心是非物质文化遗产博物馆的主管单位，所以大多数非物质文化遗产博物馆都属于文化文物系统国有博物馆。也有部分非物质文化遗产博物馆是其他部门举办的，如农业部门举办的农业类非物质文化遗产博物馆、体育部门举办的武术类非物质文化遗产博物馆，这些则属于其他行业国有博物馆。私营企业及个人举办的非物质文化遗产博物馆属于非国有博物馆。

按收藏展示内容划分，博物馆又可分为历史类、艺术类、纪念类、自然类、科技类、综合类博物馆。非物质文化遗产的十大门类中，除传统医药外，其他都与艺术有关。因此，非物质文化遗产博物馆大多属于艺术类博物馆。

按等级划分,博物馆可分为国家一级、二级、三级、未定级博物馆。目前属于国家一二三级博物馆的非物质文化遗产博物馆较少,仅有青岛胶东非物质文化遗产博物馆为三级博物馆,已经备案登记的非物质文化遗产博物馆质量有很大提升空间。

五 从展示内容看非物质文化遗产博物馆主要可分为哪些类型？

根据《中华人民共和国非物质文化遗产法》，非遗包括传统口头文学以及作为其载体的语言；传统美术、书法、音乐、舞蹈、戏剧、曲艺和杂技；传统技艺、医药和历法；传统礼仪、节庆等民俗；传统体育和游艺；其他非物质文化遗产。如此丰富的内容使得非物质文化遗产博物馆的类型多样。我们可以根据展示内容，将非物质文化遗产博物馆具体分为以下几种类型。

第一，展示地方非遗的乡土型非物质文化遗产博物馆。这类馆一般命名为"某省、某市或某区县 + 非物质文化遗产博物馆"，是展示某个地区国家级、省级、市级乃至县级的非物质文化遗产博物馆。其内容具有综合性的特点，这类博物馆涉及上述所有内容，观众可以通过展览一次性地了解到某地的非物质文化遗产全貌。展览通常对国家级、省级非遗项目内容、传承人等进行详细介绍，尤其是国家级非遗在内容的篇幅上都占有较大比重，并展出有地方非遗名单。

第二，展示乡土手艺的传统手工技艺博物馆。此类博物馆往往都是国家级非遗项目，或地方最具特色的传统手工技艺展示馆。旨在让观众了解地方特色手工技艺的发展史、原料、制作流程、制成品、传承人等内容。如1989年龙泉青瓷博物馆建成，2009年龙泉青瓷传统烧制技艺列入联合国教科文组织人类非物质文化遗产名录，地方政府以此为契机建设新馆，如今龙泉青瓷博物馆成为展示龙泉青瓷文化元素、展现龙泉青瓷艺术成就的重要窗口。青田石雕2006年成为国家级非遗项目，2006年11月青田县石雕博物馆正式对外开放。

第三，展示乡土表演艺术的非物质文化遗产博物馆。此类博物馆展示的多为地方戏曲，通常建在某类戏曲之乡。建馆的目的是让观众了解乡土表演艺术的发展历史、传统剧目、表演方式、艺术家、行头、道具等。如浙江省嵊州市为越剧诞生地，20世纪80年代，嵊州市越剧博物馆开始筹建，征集了很多越剧文物。在越剧申报首批国家级非遗项目时，越剧博物馆提供了科学的申报材料。如今越剧博物馆已经成为嵊州市展示越剧文化的重要窗口。

第四，展示个人作品的非物质文化遗产博物馆。此类博物馆大多是国家级、省级非遗项目代表性传承人自己创办的非国有博物馆，旨在展示传承人个人作品及其技艺。如铜雕技艺是国家级非遗项目，代表性传承人朱炳仁在杭州著名的清河坊历史文化街区创办了浙江朱炳仁铜雕艺术博物馆，被誉为"江南铜屋"。这是一座集传统技艺、文化旅游、文化交流、展览展示、教育基地等于一身的铜雕专题博物馆。

六 非物质文化遗产博物馆归哪个部门管理？

总体上我国博物馆实行"条块结合、以块为主"的管理体制。"条"是垂直管理部门，是指博物馆系统从上至下的管理关系，也叫"线"；"块"是平行管理区域，针对的是"属地"管理，如某级地方政府在其辖区内管理博物馆的各项工作；条是"职能管辖"，块是"行政管辖"。

换句话说，就是以地区为主结合行业进行管理。博物馆行政主管部门负责博物馆的宏观规划和业务指导，而中央、省、市、县各级政府具体负责所辖范围内博物馆的行政、人事、经费等的管理。

国家文物局设博物馆与社会文物司，再往下设有博物馆处，其主要职责是负责全国博物馆的管理工作，起草相关法规，拟订发展规划；组织实施全国博物馆质量评估工作；协调博物馆间的交流、协作与资源共享；负责博物馆相关资质资格的管理工作；等等。每个省、地级市也在文物局或文化和旅游局下设博物馆处或场馆管理处、文物处，负责编制本省、市博物馆事业发展规划；负责博物馆管理工作；组织协调博物馆间的文物展示与交流活动。到区县层级，一般是在负责文物管理的股室明确一人负责博物馆方面的行政管理。

由于我国部门分工等原因,博物馆管理也存在分割状况,不同性质和类型的博物馆,分别由不同的行政部门分系统管理。比如从国家层面,国家文物局博物馆与社会文物司主要负责综合类博物馆、历史类博物馆、文化艺术类博物馆、纪念类博物馆管理,文化和旅游部艺术司负责美术馆管理,文化和旅游部非物质文化遗产司负责非物质文化遗产馆管理,科协科委负责科技馆自然馆管理,其他部委负责各自领域博物馆管理。

因此,对于国有的非物质文化遗产博物馆,馆所在地的文化和旅游部门是其主管部门,文物部门是业务指导单位。对于私人、私有企业等建设的非国有性质的非物质文化遗产博物馆,馆所在地的民政部门是主管单位,文物部门是业务指导单位。

七 如何才能将非物质文化遗产博物馆建成非遗传承基地与实践基地？

非物质文化遗产的生命力在于传承。为做好非物质文化遗产保护、传承、生产、研究、培训、宣传、展示，建立和完善适应现代社会发展要求的非物质文化遗产保护传承机制，积极开展活态传承，推进非物质文化遗产优势资源合理利用和可持续发展，各地纷纷建立非物质文化遗产传承基地、传习所、实践基地、体验中心等。

从功能上说，非物质文化遗产博物馆具有收藏、保护、研究、展示、传播非物质文化遗产的功能。从运营理念上，近些年博物馆越来越重视观众的参与体验，通过展览中的互动展项设计及参与的教育活动拉近与观众的距离。这些都与非遗的传承、实践、体验不谋而合。因此，将非物质文化遗产博物馆建成非物质文化遗产传承基地、实践基地非常贴合，这既是对博物馆现有功能的深化和拓展，也让非遗的传承、实践有了稳定的空间。

当下，各种政策措施都支持建设非遗传承基地、实践基地。《"十四五"非物质文化遗产保护规划》明确要完善非遗传承体验设施体系。鼓励有条件的地区建设地方非遗馆，推动国家级非遗代表性项目配套改建新建传承体验中心，鼓励建设具有民族、地域、行业特色的非遗专题馆，鼓励社会力量兴办非遗传承体验设施，形成包括非遗馆、传承体验中心（所、点）在内，集传承、体验、教育、培训、旅游等功能于一体的传承体验设施体系。鼓励有条件的地方建设非物质文化遗产馆、推动国家级非物质文化遗产代表性项目配套改建新建传承体验中心，形成包括非物质文化遗产馆、传承体验中心（所、点）等在内，集传承、体验、教育、培训、旅游等功能于一体的传承体验设施体系。

再如国家级非物质文化遗产生产性保护示范基地，指依托传统美术、传统技艺类国家级非遗代表性项目，以项目保护为目的，借助生产、流通、销售等手段，积极融入现代生活，有效增强项目传承活力，取得显著社会效益和经济效益的生产经营主体。这与非物质文化遗产博物馆的文化创意产品研发营销密切关联。2023年印发的《关于推动非物质文化遗产与旅游深度融合发展的通知》，要求各地文化和旅游行政部门对本地区各级非物质文化遗产代表性项目进行梳理，未来将设立一批国家级非物质文化遗产体验基地，鼓励聘请传承人作为专职或兼职讲解员，为游客演示、讲解非物质文化遗产。而这些都可以与非物质文化遗产博物馆建设相结合的，如设置非遗大师工作室、非遗体验展厅等。

八 建设非物质文化遗产博物馆有哪些经费来源？

博物馆的建设是一项庞大的工程，动辄上亿元的经费从哪里来？对于国有的非物质文化遗产博物馆，主要是政府的财政资金，也有国有企业、基金会等出资，毕竟非物质文化遗产博物馆是为公众服务的公益性公共文化服务机构。对于非国有性质的非物质文化遗产博物馆，往往由创办者私人或私有企业出资。

政府的财政资金是国有博物馆最重要的建设资金来源。这部分建设资金可分为中央财政资金和地方财政资金两个部分。

2022年2月，《国家非物质文化遗产保护资金管理办法》（财教〔2021〕314号）印发，该保护资金由财政部、文化和旅游部按职责共同管理。简单理解，文化和旅游部负责专业的事，钱花到什么地方，如保护资金如何分配，监督指导保护资金的使用和绩效管理。财政部负责财务的事，钱是否花得合理，是否达到预期目标，如对保护资金使用情况进行监督等。除此之外，可能还有其他的专项资金可以申请，如文化保护传承利用工程中央预算内资金等。

其实，大部分还是由地方财政资金承担，这个时候就需要各地方政府拼财力了，有钱好办事，这也是近年长三角、珠三角区域新建博物馆数量较多的原因。有些财力较好的地方不仅支持国有博物馆发展，还会设立专项资金来资助非国有博物馆建设。

文旅融合后，很多地方都成立了文化投资发展有限公司（以下简称"文投"）或旅游投资公司（以下简称"旅投"），或二者合并为"文旅投"。它们都是国有公司。这些公司成为博物馆建设的投资主体，这样一是可以变相减轻地方政府财政压力，二是市场化运作可能使建设更加高效。如扬州运河文投集团就投资建设了中国玉器博物馆、中国剪纸博物馆，目前依托扬州广陵古籍刻印社迁址新建的中国印刷博物馆广陵分馆正在进行中，这几个馆都与非物质文化遗产有关。

基金会是利用自然人、法人或者其他组织捐赠的财产成立的非营利法人组织，主要从事公益事业。由基金会资助博物馆建设，也成为近年来越来越重要的集资模式。2021年，中国民族文化艺术基金会非遗文化保护专项基金正式成立。从该基金的宗旨来看，未来非物质文化遗产博物馆的建设也可能申请该基金及其他更多基金会的支持。

九 政策上是否允许私人举办非物质文化遗产博物馆？

根据2015年国务院《博物馆条例》规定，博物馆包括国有博物馆和非国有博物馆。利用或者主要利用国有资产设立的博物馆为国有博物馆；利用或者主要利用非国有资产设立的博物馆为非国有博物馆。非国有博物馆在实际中往往还被称为私人博物馆、私立博物馆、民办博物馆、民营博物馆。

私人可以举办非物质文化遗产博物馆，而且这类馆还是非物质文化遗产博物馆的重要组成部分。很多非物质文化遗产传承人都会举办非物质文化遗产博物馆，传承、展示、传播非物质文化遗产项目。

私人举办非物质文化遗产博物馆如果要"名正言顺"，需要根据《关于进一步规范非国有博物馆备案登记管理工作的意见》（办博发〔2020〕6号）在政府部门备案登记。

首先，办理部门要弄清楚举办博物馆需要在民政部门登记，在文物部门备案。民政部门是登记管理机关，负责非国有博物馆的设立、变更、注销登记，对非国有博物馆实施年度检查。文物部门是业务主管部门，主要负责非国有博物馆的设立、变更、注销登记前的审查，监督、指导非国有博物馆遵守宪法、法律、法规和国家政策，按照章程开展活动。省级文物部门负责非国有博物馆的设立、变更、终止的备案工作。

其次，按照相关步骤进行备案登记。

第一步，申请。举办者需向馆址所在地县级以上文物部门申请其作为业务主管单位。县级以上文物部门对非国有博物馆名称、宗旨、业务范围、发起人和拟任责任人审查把关，并出具同意作为业务主管单位的证明文件。

第二步，备案。举办者凭县级以上文物部门的证明文件、设立备案所需材料，向省级文物部门提出备案申请。省级文物部门审核确定是否予以备案，出具博物馆备案文件或不予备案通知，并抄送出具证明文件的县级以上文物部门。

第三步，登记。县级以上文物部门接到省级文物部门的备案文件后，在《民办非企业单位法人登记申请表》等非国有博物馆登记申请材料上加盖印章。举办者凭县级以上文物部门同意成立登记的相关文件及其他相关材料，向同级民政部门申请民办非企业单位法人登记。登记完成后，依法办理印章刻制、税务登记、开立银行账户，办理完毕后，报申请登记的民政部门备案。

当然，私人举办的非物质文化遗产博物馆也可以进行事项变更及终止举办。

应特别注意的是，私人举办非物质文化遗产博物馆时，名称要规范,一般为"行政区划(或地名)+非物质文化遗产项目名称+博物馆",不得冠以"中国""中华""全国"或"世界""国际"等字样,不得含有全国性社会组织或国际性组织等名称,以避免引起公众误解。

十 为什么建馆之前要进行可行性研究？

博物馆建设可行性研究是前期工作的重要内容，对于确定建设项目具有决定性意义。所谓"可行"，就是办任何事情都有成功与不成功两种可能性，能成功就可行，不能成功就不可行。可行性研究就是在建设以前，对要办的事进行调查，看其可行还是不可行，可行则干，不可行则止。

该博物馆建设选址在哪里，在技术上是否能完成，需要花多少钱，资金来源能否保证，建设周期多长，需要多少物力、人力资源等，进而判断该馆建设"行"还是"不行"，是建设还是放弃，从而为最终决定投资建设博物馆提供科学依据。所以在博物馆建设之前必须要撰写可行性研究报告。具体来说，它的核心作用包括以下几点：

第一，用于发展和改革委员会立项。大多数博物馆是使用政府投资建设的项目，这就需要先在发改委立项，而发改委立项审批的主要依据就是可行性研究报告。拿到立项批复后，该博物馆建设才算"名正言顺"，后续的实施才合法合规。一般立项批复上会写明博物馆项目名称、项目业主、建设地址、建设规模、投资估算、资金来源等。

第二，作为博物馆投资的依据。博物馆作为重要的公共文化设施，不但包括硬件（建筑、设备等）投资，也包括软件（展览布展、展品征集等）投资。政府到底应该投入多少资金？是几千万元，一个亿还是五六个亿？这都需要根据博物馆的设计体量等进行科学估算，并保证准确。目的是保证让纳税人的每一分钱都花在刀刃上。

第三，判断项目创新性的依据。博物馆是一个城市最重要的文化地标，因此在建设时建筑设计要新颖实用，并且还要符合绿色、环保、低碳等原则，使用更环保的材料。内部陈列展览要采用新理念、新技术、新方法，公共区域要符合人性化，这些创新性做法是否合理、可行，都要进行论证。

第四，作为后期施工组织、工程进度安排及竣工验收的依据。博物馆建设可行性研究报告对博物馆后续如何组织施工、工程进度安排以及竣工验收工作都有明确要求。而这也可以作为检查施工进度及工程质量的重要依据。

总之，可行性研究是保证提高博物馆建设投资效果的重要手段，在博物馆建设中具有举足轻重的地位，是决定项目建设的关键性文件。

十一 博物馆建设可行性报告包含哪些内容？

编写可行性报告是一项大工程，需要一定的专业资质。编写单位首先得拿到国家发展和改革委员会颁发的工程咨询单位资质证书，这是获得编写资格的"敲门砖"。但各单位的实力高低不同，如何评判？中国工程咨询协会负责颁发等级资质，叫"工程咨询资信等级证书"，分甲级和乙级两等。各省、自治区、直辖市的工程咨询协会审核颁发丙级资质。一般的专业工程咨询公司、工程咨询中心、建筑设计院都有这个编制资质。

那么，甲、乙、丙级资质适用于什么项目呢？这与博物馆建设项目级别及其主管部门级别有关。一般在县级发展改革部门申请立项的项目，编写可行性报告时丙级工程咨询资质就可以，而市级则需要乙级或丙级资质，在省级、国家级立项则需要甲级资质。

博物馆建设可行性报告一般包含以下几方面内容。

第一，博物馆建设的背景、必要性、可行性。建设依据的国家政策、社会背景是什么？为什么一定要建这个博物馆？现有的文化资源或藏品、资金情况能否支撑建设？

第二，需求分析和建设规模。根据地方政府及老百姓的需求,这个馆的目标和定位是什么?占地面积多大?建筑面积多大?

第三,选址及建筑设计。博物馆想要建在什么地方?该地块及周边是不是城市未来的发展方向?交通是否便利?博物馆的建筑设计如何考虑?建筑是不是节能环保?

第四,环境保护。选址周边的环境现状如何?博物馆建设期间对周边环境是否有影响,如何进行环境保护?博物馆建成后对周边环境有何影响?

第五,招投标、实施周期与进度安排。将来项目采用什么样的招投标方式?计划多长时间完成?其间重要的时间节点如何安排?

第六,投资估算与资金筹措。该馆的建设大概要花多少钱?投资估算的依据是什么?这些钱是财政投资,还是采用其他方式筹措?

第七,其他。编制单位还可以撰写其认为较为重要的内容,如项目是否存在风险及不确定性。

第八,总结性地提出博物馆建设的可行性研究结论与建议。当然,上述内容的具体支撑材料可以作为附件附在报告之后,供需要者参考。

十二　馆名可以出现"中国"或"中华"一类的字样吗?

"国字头"馆是一个金字招牌。一个地方拥有一座国字头馆,也是城市实力的象征。地方投资建设博物馆,往往都想将其级别提高,一方面将来可以争取更多的国家层面的支持,另一方面也可以为地方增光添彩。

但馆名冠以"中国""中华""国家"等字样,并非一件易事。非国有博物馆明确不得冠以"中国""中华""全国"或"世界""国际"等字样,国有博物馆想成为"国字头"馆,需报请国务院审批。

一般这样的馆投资都比较大,有一定影响力,通常都需要得到中央、国家机关各部委以及省里的大力支持,或是几方联合建馆。通常由省政府联合国家部委向国务院打请示报告,得到冠名批复函件。

目前获得"国字头"冠名的非物质文化遗产博物馆不多,中国非物质文化遗产馆是实至名归的国家馆。2022年2月,中国工艺美术馆·中国非物质文化遗产馆正式开放,填补了中国工艺美术和非物质文化遗产国家馆的空白,成为北京新地标。这两个馆大有来头。1977年12月,国务院批准建立中国工艺美术馆。2011年，经国务院批准、国家发改委批复同意立项"两馆项目"。两个"国字头"馆在一起实属不易。

还有一个典型案例，就是扬州中国雕版印刷博物馆。扬州博物馆成立于1951年，是一个有历史底蕴的老馆。因发展需要，扬州市政府拟建设博物馆新馆。扬州雕版印刷技艺是国家级非物质文化遗产项目，为保护传承好这一技艺，扬州同时决定建设雕版印刷博物馆，与扬州博物馆合起来简称"双博馆"。2003年，江苏省人民政府向国务院上报《关于请批准将扬州雕版印刷博物馆冠名为中国雕版印刷博物馆的请示》（苏政发〔2003〕34号），8月，国务院办公厅《关于扬州雕版印刷博物馆冠名问题的复函》（国办函〔2003〕57号）同意"扬州雕版印刷博物馆"冠名为"扬州中国雕版印刷博物馆"。2003年10月扬州博物馆新馆与扬州中国雕版印刷博物馆两馆合一并开工建设，2005年10月竣工并向公众开放。凭借雕版印刷这个金字招牌，扬州市不断"做文章"。2019年，中宣部同意将扬州广陵古籍刻印社设立为中国印刷博物馆分馆，命名为"中国印刷博物馆广陵分馆"。这又是一座"国字头"博物馆，也意味着非物质文化遗产——雕版印刷技艺的传承迈入新阶段。

十三　为什么说馆舍建筑设计任务书非常重要？主要包括哪些内容？

博物馆建筑设计是建设中的一项重要工作。博物馆作为城市地标性建筑以及它所具有的收藏、研究、展示、传播功能，其外观和实用都很重要。那么，如何保证博物馆的建筑既好看又好用呢？博物馆筹建时编写建筑设计任务书就显得至关重要了。

建筑设计任务书就是明确建筑设计的目标及要求，主要是博物馆业主向建筑设计单位提需求，设计单位在保证满足需求的基础上把建筑建得更漂亮。建筑设计任务书一般包含以下几方面内容：

一、项目概述及用地概况。写明博物馆建设的背景、预期的建筑面积、地块四至范围、地势如何。

二、规划设计要求。明确设计要依据《博物馆建筑设计规范》（JGJ66—2015）、《建筑节能与可再生能源利用通用规范》（GB55015—2021）等加以实施。建筑的密度多大，有没有限高，同时处理好建筑与城市道路的关系；要考虑乘坐轮椅、婴儿车等观众对道路的无障碍需求；在汽车数量不断增加的今天，还要充分考虑机动车及非机动车停车位。

三、建筑组成及设计要求。这是最为关键部分。对于一个博物馆来说，需要有公共空间、展厅、库房、行政办公空间及其他。展厅需要几个？每个展厅大概多少面积？由于藏品质地的不同，对保存环境的要求也不同，如纸质品、纺织品和木器就需要分开，保存在一起，反倒容易损坏。根据藏品类别，需要分为几个库房？根据每类藏品的数量，每个库房需要多大面积？藏品的摄影、保护都需要单独空间。正、副馆长需要几间办公室？有几个业务部门？每个部门多少人员？需要几间、多大面积的办公室？学术报告厅多大面积？设在哪里？有没有未来可以给青少年上课的教育活动空间？讲解员休息室、文创产品商店、服务台等也都是必不可少的设施。总之，提的需求越详细越明确，建筑设计单位最后的作品就越完善，自然也就越好用。

四、图纸要求。写明对于图纸绘制的要求。如要有总平面图、平剖面图、必要的分析图等。

对于博物馆来说，建筑设计还要充分考虑到其他因素，如一般展厅里不需要自然光，而一进门的门厅则需要自然光；层高不能太低；展厅内能减少柱子则减少，如果确实需要，尽量拉大柱子间的距离。

十四　为什么说场馆建筑设计时功能比美观更重要?

作为城市的文化地标建筑,现在很多博物馆都会邀请国内外著名建筑师操刀设计,而且建筑师也希望做出一个经典的作品。我们经常会看到外观让人眼前一亮的博物馆建筑,它既是地标,也是网红打卡地,但再深入了解,博物馆的工作人员会苦不堪言。为什么呢?——好看不好用。

对于一个博物馆的建筑而言,是外观更吸引眼球重要,还是内部更实用重要?大家肯定都知道,"面子"和"里子"都做好是最好的。但如果一定要做比较,那满足功能确实比单纯的美观更重要,也就是"好用"比"好看"更重要,功能是实惠,美观是"锦上添花"。

收藏是博物馆的重要功能之一,库房是必不可少的,同时库房的安全要求是极高的。一方面是防盗,另一方面还要预防环境对藏品的破坏。如江南某馆,为了保证藏品安全,将库房设计在地下一层,但设计师低估了南方的梅雨天气,由于没有恒温恒湿设备,一到六七月份,库房就会异常潮湿,甚至会渗水,对藏品损坏极大,最后没办法,博物馆只能放弃使用该库房,另行觅址。

展览是观众进入博物馆享受最多的文化产品，要想做出好的展览，展厅自然就很重要。各展厅之间的动线要合理，要让观众在参观时不走冤枉路，清晰地找到各展厅的位置。每个展厅不能面积太小、太分散。假如展览面积是1000平方米，第一种是设计成1个大的1000平方米的展厅，第二种是设计成2个连起来的500平方米的展厅，第三种是设计成5个200平方米的展厅，如果是这样，那自然是第一种最为理想。再比如，现在展览大多采用人工灯光照明，基本上不使用自然光。因为自然光不好控制，所以在展厅设计时，尽量减少大面积的落地窗，否则后期做展览时，还要将其封闭起来。但特殊需求除外，如展厅本来就是一个观景平台，可以看到周边环境。再如观众的参观路线与藏品运输路线尽量不交叉，以减少藏品工作"后台"暴露在观众面前，增加安全方面的不确定性。

行政办公空间是不对公众开放的，所以在位置上要相对独立并私密，以防观众误入。但同时，从办公空间到展厅等开放空间又要方便，以便于博物馆工作人员及时处理馆内的突发情况。

总之，兼具实用与美观的博物馆建筑才是最理想的建筑。希望设计师的作品博物馆工作人员用起来方便，观众在里边也很享受，工作人员和观众都认可的作品才是真正的好作品。

十五 利用现有建筑改造成非物质文化遗产博物馆应注意哪些问题?

由于新建馆舍投资巨大,所以很多地方都采用"老瓶装新酒"的方式,用旧建筑改建成博物馆。利用修缮后的古建筑、旧厂房、旧体育馆、旧展览中心、旧综合博物馆等建筑改建成非物质文化遗产博物馆的做法较为常见。

各地都保留有很多古建筑,近年来由于文物保护或古村镇改造,修缮后的古建筑如何活化利用成为大问题。将古建筑改建成非物质文化遗产博物馆的情况比比皆是。但古建筑的受限因素较多。一是古建筑较为分散,往往有正房、厢房,几进院落,并非一个大面积的空间,这给后续的参观路线及展览内容安排等造成一定困难。二是古建筑的改建设计必须符合各项文物法规,保持原有建筑风貌,并应满足防火、防盗等安全要求。如果是全国、省市重点文物保护单位,那要求更高,必须要"不改变原状"。如南京市非物质文化遗产馆就是利用甘熙宅第改建,该建筑又称甘熙故居、甘家大院,始建于清朝嘉庆年间(1796—1820),俗称"九十九间半",是中国现存规模较大、形制较完整的古民居建筑,也是全国重点文物保护单位。观众在馆内感受到古色古香的同时,也可能在九十九间半房子中迷失方向。

旧厂房、旧体育馆原空间一般都很空旷，所以改建中可发挥余地较大，无论是外观还是内部功能，都可以使其"改头换面"。泉州非物质文化遗产馆就是对泉州侨乡体育中心保龄球馆进行改建而成的。改建规模8000多平方米，外观采用玻璃幕墙，极具现代感，而墙体、屋顶和窗户等设计均融入闽南传统建筑元素。内部空间分为五层，第一层为办公区和库房区，第二三四层为"文化之都　多彩非遗"的展示，第五层为临时展厅和学术报告厅。

旧博览中心、展览中心等改建也较为常见。因这类建筑原来就具有展览展示功能，改造起来并不复杂。遵义市非物质文化遗产传承展示馆利用的是原凤凰山会展中心大楼主体建筑进行改建的，对大楼内部一至三层建筑实施部分功能用房改造，改造总建筑面积8000平方米，主要展示遵义传统手工制作和特色美食及非物质文化遗产表演艺术；长征文化及非物质文化遗产为题材的木偶和皮影戏；茅台酒酿制技术的展示以及非物质文化遗产教育等内容。

近些年，很多城市原来的综合性博物馆都建设新馆，老馆废弃较为可惜，因其原来就是博物馆建筑，所以将其改造成非物质文化遗产博物馆、党史馆等并不难。这类改造是最简单的，因为内部的功能空间基本上可以不变，外观上可以融入非物质文化遗产元素出新。鄂州市就是将原市博物馆陈列楼改建为市非物质文化遗产展示馆，改建面积1337平方米；原市博物馆办公楼改建为市非物质文化遗产保护项目传承人工作室及传习所，改建面积342平方米。桂林博物馆老馆20世纪80年代由何镜堂院士设计，新馆建成后，桂林市决定将老馆改造成桂林非物质文化遗产体验馆。2020年6月，改造后的建筑全新亮相，成为展示桂林非物质文化遗产的重要窗口。

十六　界定大、中、小型博物馆的标准是什么？

近年来，我国博物馆建筑体量越来越大。国家级、省级的新馆规划动辄5万平方米以上；省会城市及有实力的市级博物馆也常在2万—5万平方米，一般的博物馆也都在1万—2万平方米；当然，有的地方受人力、物力、财力的限制，或是因旧建筑改造，面积在1万平方米以下。似乎建设面积越大，就越能代表当地政府的实力，博物馆的地位也就越高。

那么，通常我们是怎样区分大、中、小型博物馆的？区分的标准又是什么？

《博物馆建筑设计规范》将博物馆按建筑面积的大小分为5个档次：特大型馆：5万平方米以上；大型馆：2万—5万平方米；大中型馆：1万—2万平方米；中型馆：0.5万—1万平方米；小型馆：0.5万平方米以下。

按照面积，一目了然，但是我们说的大、中、小型博物馆除了建筑面积，往往还有实力的意思。博物馆藏品数量、日平均参观人数、年举办临时展览数量等，都是综合实力的显现。如有人统计大型博物馆基本保持在日均3000人次，中型博物馆500—600人次，小型博物馆约200人次。

大型馆在顶着光鲜亮丽的光环背后,各种运营成本也是巨大的。由于面积较大,所以每天的水电费很高,需要的保安保洁人员的数量也很多,这又是一笔不小的开支。但各大型馆往往是地方政府的"门面",是拿得出手的"文化窗口",所以肯定会在财政资金等方面给予大力支持。

中小型馆却会遇到如何更好地发展等迫切问题。受人、财、物的限制,中小型馆发展常常是步履维艰,地方政府觉得是"鸡肋",也不愿意持续扶持。越小越不受重视,很容易形成恶性循环。

但是我们不能被"出身论"吓到,风水轮流转,即便是大型馆,如果不好好运营,也可能门可罗雀。而小型馆也可能会因为巧妙的运作而成为观众喜欢的打卡地。所以不管是大中型博物馆,还是小型博物馆,最终的出路都是通过转变思路,推出更多更优秀的公共文化服务产品而使自己锦上添花。

十七　非物质文化遗产博物馆建设多大规模比较合适？

在论证博物馆建设时,地方政府会经常问到我们建设的规模,这个问题其实很难回答。一般来说,省级一般多建设大型馆,地市级多为大中型馆,区县级多为中小型馆。总体上,可以从以下几个方面进行综合判断。

藏品数量和质量是影响博物馆建设规模的重要因素。"物"是博物馆的基础和核心,巧妇难为无米之炊,如果一个馆藏品寥寥,那也就没必要建设那么大的博物馆了。博物馆讲究"以物说话",在陈列展览时,总不能以大面积的图文展板、多媒体影像充斥其间。

资金是制约建设规模的决定性因素,所谓有多少钱办多少事。一是建设时期要有一笔一次性的大投入。这对于中西部地区的一些区县或者经济不好的地级市来说,负担还是不小的。对此,我们应该量力而行,不可攀比,不能隔壁邻市建设1万平方米,那我就建1.5万平方米,这种思想不可取。二是不但要考虑"生得好",还要考虑"养得起"。要考虑到博物馆建成后,真正花钱的时候才刚开始。博物馆每天开门迎客,基本的水电都是不小的开支,再加上一个博物馆要养活几十甚至上百名员工，举办展览、教育活动也需要大笔的经费支出，每年没有几百万元甚至几千万元的财政投入是很难顺利运营的。

总之，我们要用可持续发展的眼光来预判建设规模，即不能目光短浅，一时够用就行，这样做在将来会捉襟见肘；另外，也要考虑到自己的承担能力，不能给政府财政造成太大的负担。博物馆建成后，并非一成不变。博物馆每年都会新征集藏品入藏，所以库房空间在建设时就要充分考虑未来十年、二十年新增藏品的数量，并为此做好准备。再如临时展览，早些年建馆时往往不重视临时展厅，认为只要有固定展厅就够了，这些年博物馆都意识到临时展厅是让文物"活起来"的重要途径，一些原来没有预留临时展厅的博物馆都会想尽办法增加临时展厅的面积。

我们还要纠正一个错误理念：不能一刀切地武断认定建得越大越浪费，这时候我们不仅要算经济账，还要算综合账。博物馆作为公益性公共文化服务机构，基建投资不能仅着眼于项目本身算"小账"，还要从国家文化和经济发展的角度算"大账"。一切为老百姓的投入都是值得的，我们要看到博物馆投资在未来十年、二十年乃至更长的时间内，给社会发展、人民生活带来的更多的"综合性红利"。

十八 如何划分非物质文化遗产博物馆的空间建筑布局?

一个博物馆的好坏与内部建筑空间布局有很大关系。如观众参观与工作人员办公区域要分开;观众参观的路线要合理,不能交叉"打架";由于博物馆参观是观众在不停行走中观看,疲劳在所难免,所以得有休息的地方。想要满足不同人员、不同业务工作对空间的需求,还要合理划分建筑内部空间。

从总体来说,博物馆建筑的功能空间可分为公众区域、业务区域和行政区域三大类。

公众区域是面向公众开放的区域。在这里,公众的活动不受限制。如果再细分,还有服务设施区、陈列展览区、教育区。服务设施区包括售票处、门厅、物品寄存处、休息处、饮水处、洗手间、文创产品商店、餐厅、茶吧咖啡厅、车库等。这些设施都是观众在参观展览获得知识之外必不可少的,如果做得好,还能提升观众对博物馆的满意度。

陈列展览区是观众参观陈列展览的地方,主要指各个展厅,有的馆也会使用走廊等公共空间做展览。教育区就是观众参与各种教育活动的地方,如听讲座的报告厅,观看视频的影视厅，查阅资料的阅览室，参与手工制作等活动的教室，青少年活动室，等等。

业务区是指处理博物馆藏品收藏、保护等专业业务的工作区，相对来说较为"机密"，外人肯定不能随意进入。但在国际博物馆日、中国文化和自然遗产日等特殊节日，博物馆也会开放给部分观众一窥究竟。业务区可分为藏品库区、藏品技术区、业务与研究用房等。藏品库区就是保存藏品的库房，分为库前区和库房区。库前区是藏品在进入库房前的准备空间，库房区则是保管藏品的地方。藏品是按照材质进行分类收藏，分库摆放的。藏品技术区有藏品修复室、实验室等。业务与研究用房有藏品摄影室、展品展具制作与维修室、材料室等。

行政区是工作人员的办公区，主要有行政管理区和附属用房。前者如行政办公室、接待室、会议室、监控室、消防控制室等，后者如员工餐厅、车库等。

对于非物质文化遗产博物馆而言，一般不会有几万件这么数量庞大的藏品放在库房，所以总体上，在保证办公、库房基本需求的基础上，要尽可能扩大公众区域的面积。

十九 为什么说库房是博物馆的"心脏"?

大家都知道心脏是人类身体中最重要的器官之一,它为血液流动提供动力,把血液输送到身体的各个部位。而库房在博物馆中也有类似作用,可以说也是博物馆的"心脏"。

首先,库房是博物馆业务工作绕不开的地方。博物馆要想不断吸引观众常来,光靠固定的、一成不变的常设展览肯定不行,需要多推出些临时展览,这样每次观众来都能看到新的东西。而临时展览怎么举办,展出什么,这就与库房紧密相关了。如果说,每个从事藏品管理的保管员是"管家"的话,那他所管的这个"家",就是一个拥有悠久历史的丰富多彩、琳琅满目的文化之家。藏品是博物馆开展各种业务工作的基础,如果藏品丰富,家底殷实,就可以办很多事。库房里的藏品也可以让博物馆展览时常更新,不断焕发出新的力量。现在博物馆都要开发文创产品,设计产品的灵感哪里来?如果设计师到库房里看到形态各异、纹饰精美的藏品,肯定会有很多好的想法。

其次,库房也是博物馆最重要的中转站。为了向观众提供更多的展览,博物馆经常从其他博物馆借展出,或者直接将一个完整的展览搬过来。这些展品从其他博物馆运送到后，并不是直接进入展厅、摆进展柜，而是要先到库房，两个博物馆的工作人员进行展品交接。最为重要的是，对展品的现状写清楚，如哪里有条裂缝、多长，以便明确责任。同样，本馆的展品要出借，也需要从展厅搬回库房，然后再移送他馆。这样一来，库房就成为一个重要的中转场所。

最后，库房是博物馆安全保卫工作的重中之重。库房作为藏宝地，最大的问题就是防盗。与此同时，库房的环境非常重要，不同材质的藏品需要的生存环境不同，温湿度都要控制在合理范围内，过高或过低都会对藏品造成损伤。所以，人们要像爱护心脏一样保护好藏品。就像人的心脏不舒服要及时看医生一样，如果库房环境发生变化，藏品保管员也要及时"对症下药"，做好除湿、加湿、降温等工作。

博物馆在不断征集新藏品入藏库房的同时，也要做好博物馆库房的管理工作，让库房这个博物馆"心脏"变得更加强大。

二十 为什么一定要预留临时展厅？

一个博物馆开馆后，肯定会形成一个明显的参观高峰期。但新鲜劲儿过后，可能会出现一个长久的沉寂。观众都喜欢新鲜事物，如果每次看到的都是同一个展览，来过几次后，肯定索然无味。如何吸引观众不断走进博物馆，成为博物馆的常客，而非一锤子买卖，都需要博物馆动点心思。

利用临时展厅举办临时展览是解决这个问题的法宝之一，因为临时展览就像一股"活水"，会给博物馆带来无限活力。

举办临时展览是盘活本馆藏品的有效途径。博物馆的展厅面积通常都是极其有限的，很难将所有的藏品都展示出来，大多数藏品被锁在库房，束之高阁，利用率极低。整合有关主题的藏品举办主题性临展，可以让观众对博物馆有一个更加全面、更加深入的了解。临时展览的展期少则一两周，长的也不会超过半年，一般都在3个月左右。这样即便只有一个临时展厅，每年也会有四五个临时展览，只要坚持，库房的藏品就会有更多的机会与观众见面。

引进其他地方的非物质文化遗产进行展览，让老百姓在当地就能领略到祖国丰富多彩的非物质文化遗产，也是博物馆需要考虑的一个重要话题。每一座博物馆都有自己的辐射范围，服务最多的对象自然也是博物馆所在地的普通百姓。公众想要了解其他地方的文化，除了到其他城市去参观博物馆，最简单的办法就是在自家门口领略外面的世界，"请进来"必不可少。

展览部是博物馆的重要业务部门之一，它的主要工作就是做展览。如果没有临时展厅，展览部的工作人员就会沦为"巡视员""维修工"，并对常设展览进行维护。时间一长，空有一身好本领也会废掉。每个临时展览，由于题材、展品不同，要有不同的展览策划，要用不同风格的设计，设计师的水平肯定日益增进。举办临时展览，也并非展览部一个部门需要工作，它需要馆内多个部门的相互协作。教育部门要策划配套展览的教育活动，文创部门要根据展品设计开发畅销的文创产品，宣传部门要做好相关宣传的准备。这样就会调动起全馆工作人员的积极性，各项工作就会经常化、正常化，并在实操中提高工作人员的业务水平。讲解员面对形形色色的观众，可能会采用不同的讲解方法，一次次讲解也会积累更多的技巧与方法。总之，工作人员在接待观众、处理突发状况的过程中，都会积累起更多的经验，博物馆的发展也会越来越好。

二十一 为什么要充分考虑到博物馆的公共空间？

公共空间是观众来到博物馆之后，除展厅之外，利用最多的地方。随着博物馆功能的不断拓展，越来越多的公众来到博物馆，不只是通过参观获取知识，有时他们也会专门购买文创商品、享受咖啡甜点，或者打卡拍照等。这样一来，公共空间就变得更加重要了。公共空间是服务公众的桥头堡，值得博物馆用心设计、用心打造。

门厅是博物馆的"大客厅"，是公众进入博物馆后感受到的第一个空间。其实，门厅不仅可以起到疏散人流的作用，同时也是博物馆的第一个展示空间，是观众进入博物馆后的第一个参观地。很多博物馆都会将体量巨大的重量级展品放在门厅，一方面它可以产生强大的震撼效果，另一方面也会让观众第一时间感受到非物质文化遗产自带光芒的氛围。宝鸡市非物质文化遗产陈列馆门厅的顶棚，是剪纸与镂空雕花的组合，让观众一进馆就能感受到当地非物质文化遗产的独特魅力。2022年年初开放的中国非物质文化遗产馆在开馆时刚好遇到北京冬奥会，其中央序厅矗立的冬奥主题装饰作品《从阿勒泰到北京》，即取材于新疆阿勒泰墩德布拉克洞穴彩绘岩画以及北京北海等传统体育运动项目，将体育运动与艺术完美地结合在一起，让观众一进馆就能感受到冬奥氛围和它的艺术之美。

博物馆公共空间还是观众休闲娱乐的好去处。现在很多博物馆选址时都会选择环境优美的地方，无论室内，还是室外，都会成为市民乐意的打卡之地。如苏州非物质文化遗产博物馆，位于苏州吴中区园艺博览会会址的东侧，整个建筑融入周边公园的环境，浑然天成。建筑设计了一个观景塔，这里也是该园区的一个制高点，观众可以俯瞰园博园的全景，还可眺望远处开阔的田园风光。由于屋顶进行了覆土处理，这里也变成了一个开放性的城市公园，给观众提供了休憩放松的时光。这个由整个覆土屋顶形成的大尺度公共空间，除了是一个植被层次丰富且和谐的空中花园，同时还是一个户外用餐区、儿童活动区和小型室外展览平台。人们在享受室外美景的同时，还可以在此举办各种活动，包括宴会、表演、培训以及各种互动节目，享受非物质文化遗产博物馆提供的各种娱乐和教育体验。中国非物质文化遗产馆选址在奥林匹克公园附近，在2022年七夕之夜，博物馆开放了四层外露台公共空间，观众们走出展厅，可以环顾奥园夜景，看到远处的鸟巢、水立方等标志性建筑。

洗手间、饮水处等空间虽然不起眼，但小空间同样有大的用处。这里是"细节彰显服务"的地方，也是赢得观众口碑的所在。

二十二 什么是智慧博物馆？建设智慧博物馆需要注意哪些问题？

近些年，在陆陆续续推出智慧地球、智慧城市的大背景下，各行各业都纷纷提出让行业智慧化的问题。智慧博物馆在博物馆信息化、博物馆数字化的基础上有序推进。简单理解，智慧博物馆就是让博物馆更具"智慧"。一方面它能解决工作人员的种种难题，另一方面也能洞察观众的小心思，想观众之所想。总之，就是运用技术手段，使博物馆的内部管理、外部协调更加科学化、规范化，博物馆各部门之间的配合更加高效，工作效率获得极大提升。

总体上，智慧博物馆可以分为智慧保护、智慧管理和智慧服务三个方面。

智慧保护就是以一种更加智慧的方式，从"内"到"外"精准监测藏品的状态，及时发现它们在保存环境中出现的种种问题，严防藏品生病。如非物质文化遗产制成品中的纺织品类藏品，对温度、湿度、光照、虫害、霉菌等都非常敏感，稍有不慎，就会对纺织品造成伤害，如果我们安装一个监测器实施24小时监控，就能在第一时间发现问题，并立刻报警。

智慧管理就是以先进的智能控制技术为支撑，优化传统管理模式和工作机制，使管理工作更为科学、智能、高效。重点是藏品、财产和内部人员管理。藏品管理最为重要，以前都是人工管理，任务量大，也容易出问题。现在通过系统管理，很多工作只需轻点鼠标就可实现，从而降低了保管员管理中损伤文物的风险。博物馆的图书、档案等资产也可以通过计算机进行管理。人员的上班打卡、请假出差等都可以通过系统完成。博物馆志愿者是个较为庞大的群体，他们来自社会方方面面，相对复杂，志愿者的排班以及服务时长的认定等，都可以通过系统轻松完成。

智慧服务主要是针对公众的服务，通过技术手段为公众提供无处不在的服务。如对来到博物馆的观众，采用虚拟现实技术、增强现实技术，让他们有更好的参观体验。对不能来博物馆实地参观的观众，制作线上展览、进行线上直播，让他们足不出户，就可以观看到博物馆的藏品及展览，实现"永不落幕的展览"。利用微博、微信、抖音等新媒体平台，与观众产生更多的互动。

那么，如何才能将博物馆建成智慧博物馆呢？大家可能认为既然是智慧化的，技术自然是关键。其实不然。真正意义上的智慧博物馆，只是利用信息技术，但最终还要将人的智慧充分发挥出来。从上述三个方面可以看出，无论技术如何高大上，最终还是为了更好地实现博物馆各种功能的发挥。

博物馆要想清楚自己目前的工作有哪些不便,需求明确后,剩下的就是选择目前较为新颖、更为合理的技术加以实现而已。切不可本末倒置,一味追求新技术。

二、运营管理篇

一 为什么要撰写非物质文化遗产博物馆章程？它主要包括哪些内容？

我们到一个单位办事，经常会听到"照章办事""按程序走""按规定办"一类的说法，且万变不离其宗，这里说的就是"章程"。所谓"没有规矩，不成方圆"，一个组织、社团要想发展好，就必须有章程。

博物馆章程是为确保实现社会公益目标，依法制定的关于本馆组织规程和办事规则的基本规范，在博物馆内部治理中具有纲领性作用，是博物馆设立单位、行业主管部门以及社会各界实施监督评估的重要依据，对推进博物馆治理的现代化至关重要。

为规范各单位章程的内容架构、体例格式，2016年，国家事业单位登记管理局印发了四类单位的章程范本，其中包括国家文物局会同制定的《国有博物馆章程范本》。章程包括序言和十一章内容。

序言简要概述本馆的历史沿革、基本情况，体现本馆特色。

第一章总则。写明本馆中英文名称、地址、举办单位、登记管理机关、资金来源以及本馆宗旨和业务范围。

第二章举办单位。主要是举办单位的权利和义务。如它有组建博物馆理事会、提名任免正副馆长、博物馆运行等权利。同时也有为本馆提供稳定增长的办馆资金和相关资源，提供必备的办馆保障条件和必要的政策支持等义务。

第三章理事会。主要是理事会的构成、职责，理事长、理事成员的权利义务，理事会会议按照什么规则召开。

第四章管理层。明确馆长、副馆长、核心中层管理人员等的职责，以保证博物馆的正常运行。

第五章职工。明确专业技术人员、管理人员、工勤人员在聘用、考核、晋升、奖惩等方面的基本权利和义务。

第六章藏品展示、保护、管理、处置。涉及博物馆生存之本——藏品，如何保证藏品各方面安全。

第七章资产的管理和使用。主要阐明本馆合法资产受法律保护，不得侵占、私分、挪用。经费的使用要合法合规。

第八章信息披露。明确通过单位年报、职工大会、公示栏和相关新闻媒体及网站等途径及时公开相关信息。

第九章终止和剩余资产处理。主要说博物馆如果无法继续运营，要被终止撤销，该怎么办。虽然这样的事情极少发生，但还是要事先准备好方案。

第十章章程修改。说明在什么情况下可以修改本章程，怎么修改。

第十一章附则。说明章程什么时候生效。如有不清楚的地方,谁拥有解释权等。

对于非国有博物馆,国家文物局也根据其特殊性,发布过《非国有博物馆章程示范文本》,内容略有不同。

二 为什么说确定博物馆的宗旨至关重要?

"宗旨"一词出自《北齐书·儒林传·孙灵晖》:"灵晖年七岁,便好学,日诵数千言,唯寻讨惠蔚手录章疏,不求师友。'三礼'及'三传'皆通宗旨。"这里的"宗旨"意思为"主要的思想或意图"。在现代汉语中,"宗旨"有两层含义:一是"行事目的所在",二是"主要的意旨"。博物馆的宗旨明显取第一层意思,目标、目的是其近义词。有趣的是,宗旨在古代文学中还有宗教教义的意思。可见,博物馆宗旨也需要博物馆人信仰般地认同并执行。

博物馆宗旨是关于博物馆存在的目的或对社会发展某一方面应做出的贡献。博物馆宗旨不仅陈述了博物馆的未来任务,而且要说明为什么要完成这个任务,以及怎样完成任务。具体来说,包含"博物馆为什么存在(目的);博物馆实现什么样的愿景;博物馆的角色(功能和定位);博物馆为谁服务(观众/利益相关者);博物馆如何实现目标(手段)"等诸多信息。博物馆章程中明确要求要阐明宗旨,作为博物馆实践操作层面的理论依据和行动指导。

以前很多博物馆都不重视宗旨的陈述,认为没有实质作用,但随着社会变化和博物馆发展,越来越多的博物馆将宗旨看作博物馆未来发展战略的一个重要组成部分。

第一，阐明博物馆的价值标准。这是每个博物馆工作人员为之奋斗的价值标准。同时也明确了博物馆的工作范畴。工作的得失成败、优劣高低有了科学客观的评估标准。这也利于博物馆的持续性发展，即使更换馆长，短时间内博物馆也能朝着正确目标继续发展，不会有震荡伤害和资源浪费。

第二，对博物馆形象进行定位。有了明确的宗旨，便找准了博物馆在社会发展以及人民生活中的作用，继而为塑造博物馆形象打下基础。博物馆树立一个特别的、个性的、不同于其他馆的形象非常重要。良好的形象也让大家认同博物馆，进而在人、财、物等方面获得更广泛的支持。

第三，确保博物馆的工作效率。宗旨可以让博物馆的工作任务更加明确，让博物馆的陈列展览、社会教育、宣传营销等更加精准高效。各部门也就可以通过宗旨分清轻重缓急，让本部门的工作按部就班，有序进行。

一般来说，宗旨都有一个历史的形成过程。建馆之初，博物馆的宗旨都比较模糊或相对简单。随着博物馆的发展和服务公众的体验，其宗旨也会逐步成熟、完善，最终为公众提供更多、更好的公共文化服务。

三 非物质文化遗产博物馆如何盈利？

根据国际博物馆协会对博物馆的定义，博物馆是非营利性常设机构。因此，很多人认为博物馆不能盈利。这首先就涉及几个词语的概念辨析。汉语中"盈利""赢利""营利"三个词语读音相同，在使用过程中，大家往往也不进行严格区分，进行混用。其实，三者的意思略有区别。

赢利的意思是收益有增加，但未必有利润，即在收益增加的前提下，有可能盈余，也可能亏本。盈利指有盈余而不亏本，即在扣除成本的前提下，赚到了钱。营利的"营"是谋求的意思，营利就是谋求利润，表达最终的目的是赚钱，但未必能赚到钱。赢利和盈利强调的是结果，即是否有利润，而不强调过程。营利强调的是一种目的，侧重经营的过程，而不管结果是获利还是亏损。

那么，非物质文化遗产博物馆能否盈利呢？答案是肯定的。从定义来说，博物馆是非营利性机构，强调博物馆作为公共文化服务机构的公益属性，换句话说，博物馆是不以营利为目的的，这表明了博物馆的属性。但博物馆是可以赚钱，可以盈利的，只不过博物馆赚的钱不会像企业那样将钱作为利润装进员工口袋，而是要用于博物馆的持续发展，如可以征集购买藏品，提升展览质量，以及举办更多的教育活动等，最终目的还是要确保博物馆的公益性。简单地可以用"取之于民，用之于民"来进行理解博物馆的性质。

非物质文化遗产博物馆的盈利主要依靠经营收入，包括门票收入、讲解收入、非物质文化遗产项目体验收入以及文化创意产品、非物质文化遗产制成品的销售收入等。

需要特别强调的是，博物馆不得从事文物等藏品的商业经营活动。假设非物质文化遗产博物馆收藏了某非遗项目传承人的作品作为藏品，那肯定是不得出售的，但该传承人做的其他非藏品则可以进行售卖。另外，非物质文化遗产博物馆从事商业性经营活动，同样不得违反办馆宗旨，不得损害观众利益。这又回到了博物馆的性质上，公益至上，一切为人民服务。

四 如何设置非物质文化遗产博物馆的业务部门？

博物馆合理设置业务部门，让每位员工岗位明确，做好本职工作，是实现博物馆功能的有效途径。

从我国公共博物馆诞生之日起，博物馆就履行收藏、展示、教育功能，也就有了相对应的部门。中华人民共和国成立后，我国博物馆长期以来形成了所谓"三部一室制"，即保管部、陈列部、群工部、办公室。

保管部主要负责藏品的保护与管理，有的馆将征集购买新藏品的任务也交给该部门。该部门可以说是博物馆的"扫地僧"，他们从事"后台"工作，肯定是默默无闻的，但由于他们长期接触藏品，耳濡目染，很多保管部的人员都练成了"火眼金睛"，对藏品真假、年代等的鉴定颇有心得。

陈列部是负责策划、设计、维护展览的部门，博物馆开馆后，其更多的工作是制作临时展览。由于展览涉及策划、设计、布展施工等流程，所以陈列部也是很能锻炼员工的地方，各个都是"多面手"。在陈列部工作过后，审美能力会有大幅度提升，用钓鱼线固定展品的这些绝活儿也会在长期的布展实践中熟能生巧。

群工部全称是"群众工作部"，这个部门名称极具时代感，因为中华人民共和国成立后博物馆的一个重要工作就是为人民服务，广大群众是博物馆的主要服务对象，所以该部门也是一线部门。博物馆服务公众的理念和方式都有很大变化和拓展，为适应发展需要，各馆将该部门纷纷更名为"公众教育部""社会服务部"等。

办公室是每个单位不可或缺的部门，像是一个"大管家"。可以说，除了其他部门负责的工作，剩下的所有工作都是办公室负责。

随着时代的变化，很多博物馆都在逐渐增设部门。如网络信息部，主要负责全馆的信息化建设，通过技术手段，更好地管理博物馆，服务广大公众。图书资料部，博物馆内部的小型图书馆，收藏本馆的相关档案、藏品图录以及相关的专业书籍，供馆内员工和观众查阅使用。对外交流部，主要负责与境外博物馆同行的交流与沟通，像是博物馆展览到国外展出，从国外著名博物馆引进展览，参与国际学术交流等。学术研究部，主要负责对藏品的研究与阐释，非物质文化遗产博物馆着重对非物质文化遗产及相关物件进行研究。

五 非物质文化遗产博物馆馆长要具备哪些条件？

火车跑得快，全靠车头带。博物馆馆长作为"当家人"，对于一个馆的发展至关重要。那么，优秀的馆长需要具备什么样的条件呢？

馆长必须是"专家"，是真正的专业研究人员，在学术上占有一定地位。研究是博物馆最重要的功能之一。博物馆只有将馆藏藏品研究清楚，有足够的学术支撑，才能策划出好的展览，找到设计文创产品的文化元素等。博物馆的馆长一般都是地方历史文化、考古、博物馆、工艺美术等方面的研究专家，学而优则仕，由专家到部门主任到馆长。学术能力是博物馆馆长的必备素质之一，同时教育背景和工作经历也是重要的参考。

馆长必须是"管理家"，具有管理能力，这主要是指对人和物的管理。藏品是一个馆的核心，如何管理好展厅，尤其是库房的藏品不受损坏，是馆长的第一位工作。一个大的博物馆大则上百人，小则二三十人。管理好人才，使其各司其职，发挥出他们最大的作用也是非常重要的。馆长需要特别理解人，能把有本事的人放到最合适的岗位上。馆长能分辨什么是高见，放手让员工去做对博物馆发展有利的事。馆长还要从全馆的角度考虑，考虑到各个工种的配备。"众人拾柴火焰高"是馆长必须时刻铭记的。也只有这样，一个馆才能留住人才。

馆长必须是"外交家"，具有交际能力，扩大博物馆影响力。博物馆是公共文化服务机构，同时又有收藏、研究、展示、教育等功能，所以需要与很多部门交往。首先最重要的，国有博物馆一般都是财政拨款单位，肯定要维护好和财政部门这尊"财神爷"的关系，以便得到更多资金上的支持。博物馆与中小学开展"博物馆进校园"活动，还要与教育局、中小学搞好关系。博物馆经常举办临时展览，都要预热宣传让更多公众知道，这就需要与电视台、报刊媒体搞好关系。

博物馆馆长最好是专业和行政管理能力兼具的人才。如果是一心埋头学问的专家，要培养提高其行政能力。如果并非科班出身，只要多学习，也没有关系。当然，相对来说，从专家中挑选具有行政能力的当馆长，比从行政干部中培养成专家型的馆长要相对容易得多。

六 什么是博物馆的定级评估？

我们参观博物馆时，会在大门口或门厅的显著位置，看到很多荣誉标牌，这其中就有中国博物馆协会颁发的博物馆等级标牌。这也是博物馆质量的象征。博物馆的定级评估可以从以下几个方面理解。

首先，为什么进行定级评估？博物馆定级评估的意义在于加强博物馆行业管理，提高博物馆质量，充分发挥博物馆的社会服务功能，促进博物馆事业发展。

其次，怎么区分等级？博物馆经定级评估，确定相应等级，从高到低依次为国家一级博物馆、国家二级博物馆、国家三级博物馆。定级评估采用打分制，总分为 1000 分，分为三个大项：综合管理与基础设施 200 分；藏品管理与科学研究 300 分；陈列展览与社会服务 500 分。一级、二级、三级博物馆分别需要达到 800 分、600 分、400 分。总分达到还不行，每一大项都还有及格线，综合管理与基础设施项最低分值应在 80 分（含）以上，藏品管理与科学研究项最低分值应在 120 分（含）以上，陈列展览与社会服务项最低分值应在 200 分（含）以上。

最后，定级评估的内容有哪些？定级评估的打分细则涉及博物馆方方面面。

【综合管理与基础设施】法人治理结构、博物馆章程与发展规划、博物馆建筑与环境、人力资源、财务管理、安全保障、信息化建设等都在评估之列。

【藏品管理与科学研究】从藏品管理、学术研究与科技两个角度进行评估,从截至目前的历次定级评估看,学术研究是绝大多数博物馆的短板,失分最多,这也是今后博物馆在发展过程中需要特别重视的。

【陈列展览与社会服务】从博物馆影响力、展示和教育、公众服务等方面进行评估。这几项内容都是博物馆较为关注、工作开展也较好的方面。

当然,博物馆被评定为等级博物馆后,并非可以高枕无忧了。中国博物馆协会还会对所评博物馆进行监督检查和运行评估。运行评估至少每三年进行一次。经运行评估达不到已获等级标准的博物馆,中国博物馆协会根据具体情况,会作出发出警告通知书、通报批评、降低或取消等级的处理,报国家文物局备案后对外公告。凡被降低、取消等级的博物馆,自降低或取消等级之日起三年内,不得重新申请参加定级评估。相应等级的标牌、证书也会被收回。所以,即便是一级博物馆,也不能"躺平",也要不断向公众提供更多更好的公共文化服务,以保住本馆的"江湖地位"。

七 申报国家一二三级博物馆需要走哪些程序？

什么样的馆能申报国家一二三级博物馆？条件是必须在我国正式登记，在所在地省级文物行政部门备案，并向社会开放、正常运行 36 个月以上的各类博物馆。因为要根据博物馆前三年新增藏品数量、举办展览数量、举办教育活动数量、年观众人数等数据来评判博物馆的运营情况，所以新开放的博物馆在评分时较为吃亏，也不能真实反映博物馆的状况。

总体上看，申报可分为博物馆自评、中国博物馆协会书面审查、专家小组现场评估三个阶段。

第一，申报国家一二三级的博物馆，应依照博物馆评估标准开展自评，填写《博物馆定级评估申请书》，并准备相关的附件证明材料。这一步需要特别注意两点：一是博物馆应确保数据信息真实可靠，不能弄虚作假。如博物馆的藏品数量，应与全国第一次可移动文物普查数据库一致，每年展览数量、教育活动数量、观众数量应与全国博物馆信息年报系统一致。特别是非国有博物馆的藏品数量，要与非国有博物馆藏品备案数据库保持一致。二是证明材料要完整细致。申报的附件材料非常多，且较为琐碎，所以不能出差错。如博物馆为了得到成立有理事会该项目分数，自然要提供博物馆理事会成立的文件，理事会会议照片等作为附件。

第二，中国博物馆协会组织专家依据上一步博物馆自评后提交的材料进行书面审查。根据"综合管理与基础设施""藏品管理与科学研究""陈列展览与社会服务"三个方向，安排不同的专家，每个专家负责其中一个方向的打分。这样一方面更专业，术业有专攻，陈列展览的专家就审核陈列展览的内容。另一方面也规避一些作弊风险，每位专家都是评判其中一个方向的分数。

第三，如果感觉材料有造假嫌疑，可以组织专家小组进行现场评估。专家小组在审查材料、实地考察、咨询评议的基础上，提出现场评估报告。

第四，中国博物馆协会根据申请博物馆的《博物馆定级评估申请书》和专家小组现场评估报告，进行综合评定并打分产生评定意见。中国博物馆协会将评定意见报国家文物局备案后，向社会公布并给博物馆颁发标牌、证书。

八 《博物馆条例》有哪些内容需要特别注意？

从20世纪80年代的《省、市、自治区博物馆工作管理条例》，到90年代的《北京市博物馆条例》，再到2006年的《博物馆管理办法》，我国博物馆管理是一个台阶一个台阶地发展起来的。2015年2月9日，国务院总理李克强签署第659号国务院令，公布《博物馆条例》(以下简称《条例》)，并于2015年3月20日起施行。这是我国博物馆行业第一个全国性法规文件，在中国博物馆发展史上具有里程碑式的意义。

《条例》对什么是博物馆，博物馆的设立、终止程序，博物馆管理、社会服务以及博物馆的法律责任等进行了详细规定。内容上有颇多亮点。

一视同仁，平等对待国有和非国有博物馆，鼓励社会力量办馆。之前有关博物馆的法律法规，主要面向国有博物馆，鲜有涉及非国有的部分，《条例》强调国有与非国有博物馆一律平等，确立了所有博物馆平等的法律地位，这是最重要的。鼓励全社会参与博物馆事业也是一大亮点。《条例》规定，国家鼓励企业、事业单位、社会团体和公民等社会力量依法设立博物馆，这些单位和个人可以依法享受税收优惠，进一步调动了社会力量办馆的积极性。

明确功能,将教育功能摆在第一位,鼓励与学校、社区等广泛合作。《条例》再次明确强调了博物馆教育、研究和欣赏功能,并把教育放在了首位。而为更好地发挥博物馆的教育功能,规定博物馆应当根据不同年龄段未成年人的接受能力组织讲解,寒暑假期间增设适合学生特点的陈列展览项目,鼓励更多的学生走进博物馆。

允许经营,鼓励博物馆自我造血,通过合法收入推动发展。《条例》鼓励博物馆挖掘藏品内涵,与文化创意、旅游等产业相结合,开发衍生产品。通过合法经营收入,补充财政拨款的不足,筹措博物馆发展资金,增强博物馆发展能力。同时,对于博物馆从事商业经营活动的界限也做了界定,明确规定博物馆不可触碰文物等藏品的交易这条"红线"。总之,《条例》为博物馆发展文创产业的合法性提供了制度保障。

《条例》之后,国家又出台了一系列博物馆方面的政策文件,都是对《条例》的落实或者创新性延伸。相信只要依据这个"法宝",我国博物馆事业定会更加健康、规范、有序地发展。

九 什么是理事会制度？博物馆采用理事会制度有什么好处？

《关于建立和完善事业单位法人治理结构的意见》（国办发〔2011〕37号）中明确指出："事业单位应当建立以理事会为主要组织形式的决策机构。"其实不仅是作为事业单位的国有博物馆，非国有博物馆也需要成立理事会，以更好地服务博物馆的发展。那么，什么是理事会呢？

理事会是为协商、征求意见或讨论问题而设立的组织。其对内要决定博物馆的宗旨和目标，制定政策，规划战略，遴选、任免、监督、评估理事和高级管理层，审核工作和财政预结算报告；对外要建立与社会联系交融的平台，筹集发展所需要的资金，发展合作伙伴，提升公共形象，维护与其他社会组织及公众的良好关系。

人数上，大多数博物馆的理事会成员数介于10—20人，且通常为单数。也有个别馆出于发展的需要，建立一个庞大的理事会，以求可利用资源的最大化。

构成上，理事会成员既要有非物质文化遗产博物馆的本馆人员，主管部门人员，同时更要广泛吸纳相关行业人员，整合利用社会资源，充分发挥名人效应，为博物馆的发展谋求更多资源、更大空间。

地域上,理事会成员大多是博物馆所在地的相关人员,但也不局限于该省、该市,主要是看能否发挥出理事会的应有作用。

组织上,目前大多数博物馆都采用"理事长 + 副理事长 + 理事会成员"的组织结构模式,也有的在理事会增设"常务理事"。有的博物馆还要设立理事会秘书处,设立秘书长负责理事会的日常事务。

目前博物馆理事会在博物馆业务工作上起到了一定程度的促进作用。但很多博物馆的理事会尚未真正行使领导决策权,还不是决策型机构,大多数情况是在社会拓展影响、扩大融资渠道等方面提供补充和帮助,至于馆长遴选和任命、财政审核和年度预结算等方面不予干预,是典型的咨询型机构。

在建立理事会的同时,也可以建立监事会,充分发挥监督作用,确保由理事会制定的章程、财政预算、工作计划等能够严格执行。

三、藏品管理篇

一 什么是藏品？非物质文化遗产博物馆藏品具有哪些特殊性？

博物馆藏品是国家宝贵的科学、文化财富，是博物馆业务活动的物质基础。通俗地讲，藏品就是博物馆收藏的物件。那是不是所有的物件都能成为博物馆藏品呢？当然不是。藏品有着特殊的含义，它必须具有历史的、艺术的或者科学的价值。这是博物馆藏品应当具备的基本条件。

认识藏品要摒弃以下几个误区。

藏品都是具有很大经济价值的宝贝。藏品是历史文化的"见证者"，通过藏品，我们可以知道先民的生活方式，了解先民的制作技艺，知晓先民的思想状态。我们主要看物件是否有作为"证人"的意义，能否"开口说话"说明这些问题，而不是越值钱越好。

藏品都是很古老的文物。很多人认为只有年代久远的老物件才有资格进入博物馆。我们要正确理解过去，如昨天相对于今天就是过去，上一秒相对这一秒也是过去。所以，从时间上看，绝大多数物件都可以代表过去。如今，很多反映"经济社会发展变迁的物证"也都被收藏进博物馆。

非物质文化遗产博物馆的藏品具有特殊性。一是其介质更加多元。非物质文化遗产的特点之一就是它的活态性,如传统音乐、舞蹈、戏剧都是表演类艺术,传统技艺最吸引人的也是手工艺人的制作过程。因此,非物质文化遗产博物馆除了要收藏传统音乐的乐器、舞蹈和戏剧的道具,传统技艺的制成品,还要收藏制作的过程,而收藏的方式就是图像和影像。非遗传承人表演、制作的照片和视频都是非物质文化遗产博物馆的好藏品。而这些电子照片、视频都要有一定的存储介质,博物馆收藏的就是纸质照片,或存储照片、视频的光盘等。二是其并非所有的藏品都是制成品。非物质文化遗产博物馆在展示过程中,要让观众明白非遗的制作或者表演过程,要让大家知道不仅仅非物质文化遗产手工制成品是很好的藏品,每道工序的半成品也都是很好的藏品。假若我们找到一块清代尚未完工的小绣片,虽然是半成品,也能代表当时的早期工艺,具有重要的历史价值。

二 哪些非物质文化遗产制成品可以被认定为"文物"?

我们经常听到很多人拿出老物件就说"这是文物"。那么,这到底是不是"文物"?能进入"文物"序列的标准又是什么呢?

口头上怎么说都没有关系,但是不是文物需要经过严格的"文物认定",被鉴定且得到认可者才是名正言顺的文物。文物认定就是文物行政部门将具有重要历史、艺术、科学价值的文化资源确认为文物的行政行为。

如果你收藏有一件老的非物质文化遗产制成品,要求认定文物,申请人应当向其户籍所在地的县级以上地方文物行政部门提出申请,提供其姓名或名称、住所、有效身份证件号码或者有效证照号码,通常还要填写《可移动文物认定申请表》。然后提交物品的所有权证明,证明这件东西是属于你的。还有一点很重要,要提供合法来源证明文件,比如这件物品是你在拍卖会拍卖来的,那应该有交易记录。如果物品是家传的,那申请人可以填写一个声明,说明物品是祖辈传下来的,承诺物品不是通过偷盗等非法途径所得。

县级以上文物行政部门收到申请后,应该开展调查研究,收集相关资料，组织两位以上鉴定、评估工作人员，对物品进行技术鉴定和评估论证，也可委托第三方专业机构进行评估。最后文物行政部门作出书面决定答复申请人，告知最终认定该制成品是否为文物。

如果县级以上文物行政部门认为物品不能被认定为文物，而申请人不认同，发生争议的，则由省级文物行政部门作出裁定。

对于上述整个申请过程中涉及的文件和资料，县级以上地方文物行政部门都应当整理并妥善保存，以便备查。

制成品被认定为文物，既是对历史、科学、文化价值的认可，也是责任的开始。如果该制成品被认定为文物，那县级以上地方文物行政部门应当告知文物所有权人或持有人依法承担的文物保护责任。即便是属于私人收藏，那私人也应该按照《中华人民共和国文物保护法》好好保护并传承这份历史文化遗产。

三　非物质文化遗产博物馆藏品搜集有哪几种来源？

一个博物馆要想实现可持续发展，源源不断地获得新藏品，补充新鲜"血液"是必不可少的做法。

非物质文化遗产博物馆的藏品搜集途径主要有购买、接受捐赠、调拨、交换、接收移交。

购买是最常见的途径。博物馆给收藏家或非物质文化遗产传承人一定费用，购买其原本收藏或制作的物件为藏品。当然，这个途径因为涉及经济往来，所以在购买程序上一定要合法合规。

接受捐赠是指博物馆接受机关团体、收藏家、非遗传承人等自然人的捐赠。绝大多数捐赠都是无偿的，也有一些根据实际情况适当给予捐赠者以经济补偿，但不能过高，否则跟出钱购买就没有区别了。如果是数量巨大的捐赠，博物馆可以根据实际情况依法依规以捐赠者的姓名、名称命名博物馆的馆舍或者展厅等其他设施。

调拨是指上级主管部门按照各博物馆的性质和收藏、展示等实际需要，有计划地拨交给博物馆相关藏品，如文化和旅游局将非物质文化遗产保护中心等机构的藏品调拨给非物质文化遗产博物馆，政府部门将档案馆等收藏的非物质文化遗产相关档案调拨给非物质文化遗产博物馆。由于建设新馆缺乏藏品和展品，上级部门由其他博物馆划拨部分藏品给新的博物馆，如可以将地方综合性博物馆中的非物质文化遗产藏品划拨给新建的非物质文化遗产博物馆。

交换通常是指博物馆之间互相交换藏品。如某馆以收藏展示当地的非物质文化遗产为主，特别是关于某个非物质文化遗产项目，有大量的重复品。为了互通有无，可以拿出重复藏品与其他馆进行交换，这样该馆在非物质文化遗产收藏的地域、项目种类、产品类型上就会更加丰富。

接收移交主要是指接收海关、公安、纪委等单位移交的物件。如海关在旅检渠道出境环节中查获的走私的非物质文化遗产相关文物或者近现代工艺品，公安查获的涉案文物，纪委的罚没物品等，都可以移交给非物质文化遗产博物馆，以发挥其"以物化人"的文化功能。

无论以上何种途径，博物馆都要以法律、行政法规规定的方式取得藏品，不得对来源不明或者来源不合法的藏品进行收藏，这是踩不得的收藏"红线"。

四 购买非物质文化遗产相关物品需要走哪些程序？

购买是博物馆获得藏品的最主要的途径。通常购买的钱是财政资金，所以花起来要谨慎，合理合规，每一分钱都花在刀刃上。下面以博物馆向非物质文化遗产传承人购买物品为例，说明应遵守的相关程序。

第一，征集调查。征集部门要多渠道寻找征集线索，拟征集哪位传承人的什么物品，提出拟征集物清单。

第二，专家鉴定。组织不少于3名相关领域的专家，对拟征集物的历史、艺术、科学价值等进行鉴定，出具专家鉴定意见。

第三，估价建议。征集部门根据专家估价的平均值，参考同类物品的市场成交价格，形成拟购买该物品的参考价。

第四，价格谈判或协商。征集部门、财务部门共同组成不少于3人的谈判或协商小组，以参考价为最高上限，与拟征集物所有者进行价格商谈。如商谈价格超出估价上限，则中止征集。谈判或协商中应做好会议记录、文件签字。

第五，征集实施。博物馆对谈判结果进行集体研究审议，形成征集决策意见。然后和传承人签订合同，明确征集物的名称、数量、价款、税费、交付期限及方式、权责约定等。

传承人应开具发票、收据等有效凭证给博物馆。

第六,支付验收。财务部门根据征集部门提交的合同、发票、征集物清单等征集凭证,付钱给传承人。征集部门与财务、保管部门共同办理验收、移交和入库等手续。

第七,登记入账。财务部门应按照政府会计制度和相关准则要求,在上述购买程序完成后,根据购买价格及时登记入账,确保不重不漏。

除此以外,还应该注意以下两个重要程序。

一是要建档备案。保管部门应在征集物入馆验收后尽快完成藏品编目、建档工作。如果该物品属于文物,还应该鉴定是一级、二级、三级文物还是一般文物,建立文物档案。征集部门应将上述过程中所有原始资料整理归档,永久保存,以备后查。

二是整个程序要接受监督检查。纪检、审计部门在程序过程中要对重要事项进行监督,如纪委可以参与价格商谈。上级主管部门也要经常"回头看",定期开展专项检查。

当然非国有博物馆购买非遗传承人物品,因不涉及财政资金,程序相对简单,只要价格合理、合同手续完备,就没有问题。

五 接受非物质文化遗产传承人捐赠需要走哪些程序？

非物质文化遗产博物馆经常会接受非物质文化遗产传承人的物品捐赠。非常有可能在若干年后，该传承人的后代向博物馆提出索取，甚至可能会发生诉诸法庭的情况。为避免后患，博物馆在接受捐赠时一定要遵守规范程序，保证合法合规。而其中最关键的环节就是签订捐赠协议，明确捐赠物的名称、数量、用途以及各方权利义务等。如有的捐赠人要求博物馆不能将这些物品藏在库房秘不示人，每年应该有一段时间向观众展出。有的捐赠人要求如果未来自己举办个人作品展，博物馆应无条件出借捐赠藏品。只要是合理的要求，经双方友好协商，都可以写入协议。

接下来的一个关键性问题是捐赠能不能要钱？大家的第一反应就是肯定不行，既然是捐赠，就不能要钱。其实不然。捐赠也可分为无偿捐赠和有偿捐赠。无偿捐赠就是不要钱，捐赠人大公无私，就是让更多的观众看到优秀的非物质文化遗产。当然，有时捐赠人也会提出给予一定的金钱补偿。这笔钱不是购买费用，而是奖励，而且奖励金是象征性的，否则性质就不是捐赠，而是购买。一般情况下，奖励金额不能超过该物品市场价的30%。但总体上,博物馆接受捐赠应以精神鼓励为主,一般都会举办捐赠仪式,颁发捐赠证书,让媒体广泛宣传捐赠人的善举。

捐赠的物品在展出时,通常都会在说明牌上注明"某某捐赠"的字样。有的博物馆在门厅等显著的位置设置"捐赠人名录墙"。如果捐赠的物品数量、价值巨大,还有特殊待遇。博物馆可以依法以捐赠者的个人姓名或捐赠企业名称命名博物馆的馆舍或者公共文化设施。

非国有博物馆还可以依法以捐赠者的姓名、名称作为博物馆馆名。如2020年,刘品三吉州窑陶瓷艺术博物馆在江西省吉安县永和镇开馆,该馆就是以国家级非物质文化遗产(吉州窑瓷烧制技艺)代表性传承人,同时也是博物馆举办者刘品三的名字命名的。

不管怎么说,向博物馆捐赠都是值得提倡的。博物馆要维护好与捐赠人及其家属的关系,寻找潜在的捐赠人,同时也让捐赠的物品切实发挥作用,只有这样,才能吸引更多的捐赠人。

六 非物质文化遗产博物馆藏品需要走哪些管理流程？

无论购买，还是接受捐赠的物品，进入博物馆后，要经过系列处理程序，才能转化为藏品，并被博物馆妥善保管，继而作为资料提供研究，或成为陈列展览、社会教育用途的展品。整个流程有先后，且要认真完成，只有这样，藏品在库房才能得到妥善的保管。

第一步为接收。一般征集购买都是由征集部门的人员完成，而管理属于藏品保管部，因此物品首先由征集部移交给保管部。当然，有些小型博物馆的这两个部门会合二为一，这个步骤有时也就会被简化处理了。

第二步为鉴选。这一步非常重要，工作琐碎，但意义重大。包括清洁、消毒、修复、照相、绘图、制作拓片、制作装具等。物品在进入库房前，一定要先进行全面"体检"，一旦发现"有病"或有损坏，要及时处理，这样才能在库房中长期保存，同时也不会将病毒传染给其他文物。清洁是最基础的处理方式，有的物品在藏家手里时间长了，可能会有灰尘、锈斑。如果是纸质品、丝织品，还要进行消毒。如果发现有破损，则要进行及时修复。每件物品在入库前都要进行照相，一是记录下入藏时的状况，留下原始资料，以方便对比文物入库前后的变化；二是照片也可为人们提供后续的研究、展览。除了拍照，还要对器物进行绘图，特别是有复杂纹饰的器物，要对纹饰进行重点绘制，留下资料。最为重要的是，要根据每件物品的"身高体形"，量身定制装具，以便后续存放。

第三步是登记。对物品进行分类，不同类的物品将会被送到不同的库房进行保存。还要进行定级，区分是一级、二级、三级文物，还是一般文物。要将所有物品都登记到《藏品总登记账》。

第四步是编目。每一件藏品都应该有一张编目卡，这也是藏品的"身份证"，还要有一个信息较为详细的藏品档案。

第五步是入库。在上述步骤都完成后，就可以将物品送入库房了。这时候最关键的是要将物品稳妥地摆放在收藏架上。一般体量较大、较重的藏品放在下层，安全且方便调用。

当然，进入库房后，由于陈列展览、拍照、修复等需要，会经常提用文物，在这个过程中，要做好去向记录，以避免藏品丢失等情况的发生。

七 如何理解非物质文化遗产博物馆的藏品管理原则？

博物馆的藏品管理最重要的是要在思想上高度重视，同时必须做到：制度健全、账目清楚、鉴定确切、编目详明、保管妥善、查用方便。

第一，制度健全。没有规矩，不成方圆，一个博物馆想要做好藏品管理工作，要"制度先行"。制度是藏品管理行为的准则和依据，能使各项工作都有章可循，确保藏品安全和工作效率。如藏品经常被展览部门等借出使用，而藏品进出库房看似是从库房门里拿到门外的简单过程，其实如果管理不善，很有可能拿出去了，但忘了回库，所以《藏品出入库管理制度》就显得格外重要。另外，还有《博物馆藏品管理制度》《博物馆藏品提用制度》等，也都要认真执行。

第二，账目清楚。就是要做好藏品的总登记账，不但要字迹清晰工整，还要保证各栏目填写内容准确无误。

第三，鉴定确切。这主要是保证藏品的质量。这个鉴定除了真假的鉴定，更多的是对藏品进行进一步的深入研究，明确藏品的历史、艺术和科学价值。自然标本要鉴定科、属、种，并科学地定名。文物要鉴定准确年代并命名。鉴定确切，可以防止鱼目混珠,保证博物馆的藏品都是有价值的、值得收藏的藏品。

第四,编目详明。编目是为了后期利用时的方便,这也是让藏品发挥作用的前提。如果编目不清,做展览要使用藏品时,在库房里找某件藏品,可能就像大海捞针,影响工作效率。

第五,保管妥善。既然是藏品管理,那自然要管好。要做到保管妥善:一是保管人员要遵守职业道德,不玩忽职守,把藏品安全牢记心头。二是库房的安保等硬件条件要到位。三是在将藏品摆上架子等工作中,要谨慎小心。

第六,查用方便。一是在进行藏品安全检查时,要能快速准确地知晓藏品摆放在柜架的什么位置。二是在提取藏品时,能第一时间找到。这也就要求我们有藏品的方位卡、索引卡,根据这个卡片可以准确知道藏品位置。但这也是需要严格保密的,防止不法分子根据位置卡片"按图索骥"。

当然,如科学保护、加强研究等也都很重要,我们要采取措施使藏品延年益寿、永久流传,要在研究后最大限度地发挥藏品作用。

八　什么是藏品总登记账？为什么需要专人管理总账？

大家都知道账本对于一个公司而言至关重要，它可以分门别类地反映出该公司各种各样的经济信息，看出一定时期内公司经济活动的详细情况，也可以反映财务状况及经营成果。博物馆也有一个重要的"账本"，不过它与钱无关，它所记录的是所有藏品，所以也叫"藏品总登记账"。

藏品总登记账是国家文化财产账，其内容一般包括藏品的总登记号、名称、年代、数量、计量单位、尺寸、重量、来源渠道、入藏时间及其他重要信息。

藏品总登记账按照规定，一定是手工一笔一画地书写。大家可能有疑问，现在计算机这么方便，为什么一定要手写？这是从安全角度考虑的，如果大家用 word 或 excel 做藏品总登记账，一旦电脑出现故障，则资料就有可能丢失。另外，电子文件修改起来太简单，甚至毫无痕迹可寻，而手工账本信息如被修改，则很容易被看出来。因此，手工书写虽然方法笨拙，但安全有效。记账时必须逐件、逐项用不褪色墨水填写，字迹一定要工整清晰，用字、标点符号都要标准，账目总体要干净整洁。一般总账完成后，不允许修改，如果后来研究发现年代错误等特殊情况,为保证信息科学正确,也是可以修改的。但订正信息时,要经过馆领导批准,用红墨水画双线,由经办人在订正处盖章。

藏品登记对专业性、技术性要求都很高,所以一般需要有专人专职负责。登记藏品总登记账的人员,除了专业过硬外,还要有一定的政治觉悟和职业道德,工作岗位也要相对稳定,不能频繁更换登记总账的人员。由于藏品总登记账非常重要,所以博物馆应设专人专职负责管理,永久保存。

还有一点非常重要,管理藏品总登记账的人员不得兼管藏品库房,即要做到"账""物"分离。这点和会计、出纳的职责很像,会计负责记账,出纳负责管钱,互相协作又互相监督。这主要是为了防止监守自盗,试想一个工作人员既管理库房,又管理账目,那他把文物偷盗出去,再悄悄修改账本,抹掉该文物的登记信息,那很可能就会在神不知鬼不觉中完成了。账目和文物分开管理,如果账本有信息,而找不到该文物,那十有八九是保管文物时出现了问题。这样追究责任时也比较容易。

九 什么是编目？藏品需要登记哪些重要信息？

编目就是按照一定的标准和规则，对事物的内容特征进行分析、描述，并记录下来，进而按一定顺序编制成目录。藏品编目是藏品保管人员对已经登记入藏的文物、标本等藏品进行的基础性研究和鉴定，对其外观信息及历史、艺术、科学价值进行较为科学且详细的描述，并将其记录在卡片上，之后还要将这些卡片进行分类，编制成不同形式的目录。

藏品编目包括撰写编目卡和编制目录两大步骤。

编目中最重要的就是撰写编目卡，通常为A4纸张一半大小，即大约15厘米×20厘米。为硬卡纸，正反两面都可以填写信息。那么，编目卡上到底都有哪些信息呢？编目卡一般分为记录项目、鉴定项目和记述项目三个部分。

记录项目包括藏品总登记号、分类号、原始号、尺寸、重量、数量、来源、附件等。这些内容是藏品的最基本的信息。博物馆对所收藏的藏品以六位数进行流水编号，如第一件藏品的总登记号是"000001"，依此类推。同时，博物馆也会将同一质地的藏品进行分类，再编一个号码，每个馆的编法可以不同，只要方便工作就行，如陶瓷器中第一件可编为"TC0001"。尺寸、重量都要在精确测量之后进行准确填写。来源上要回答该藏品是购买的，还是移交的。

鉴定项目包括藏品的定名、时代、质地、评价等。定名的要素包括年代、特征和通称。民族类文物还要加上民族的相关信息。如清代蒙古族镶银嵌珊瑚珠头面，就包含了年代（清）、民族（蒙古族）、装饰（镶银嵌珊瑚珠）、通称（头面）。时代，我们通常使用"中国历史学纪年"，如果年代跨度较大或不明确，可粗略表述，如北宋、南宋不确定的，就可写成宋代。对于现当代的物品，一般都可标为"新中国成立后"。如果知道大概年代，可表述为"20世纪70年代"；若知道具体是哪一年，则可写为1978年；等等。评价一般是对物品鉴定的认识或结论。

记述项目包括藏品的基本特征、铭记、题跋及著录等。这部分信息需要编目人员对藏品进行更深入的认识和研究。如书画上有名人题字，就要识别出来，并加以记录。如果一件绣品上有制作者的名字，也要释读出来。

十　什么是藏品档案？

根据《博物馆条例》，博物馆应当建立藏品账目及档案。藏品属于文物的，应当区分文物等级，单独设置文物档案。藏品档案就是关于一件藏品详细信息的记录，相较于编目卡，藏品档案的信息更加丰富、细致，一般是A4纸大小，分为好几页，作为博物馆的档案妥善保管。

封面正中有"藏品档案"四个大字。还有藏品名称、藏品级别、总登记号、分类号、档案编号、收藏单位、制档日期、制档人等几项内容。

其次是藏品基本信息，包括名称、时代、作者、制作时间、数量、质地、色泽、用途及作者小传。作者小传主要是制作者的相关信息，如某件物品是某非遗传承人或其师父、徒弟制作的，就要有该制作者的详细介绍。来源信息要详细，如是购买的，要记录出售者的姓名、住址、日期、经手人、价格；如果是捐赠的，要写清捐赠者姓名、住址、日期、经手人、奖励费用等。尺寸包括高多少、长多少、宽多少，如果是瓷瓶等器物，还要写清口径、腹径、底径尺寸。重量一般按克计量。另外，入藏日期也要有详细记录。

形状内容的描述也要尽可能详细。所有有关该藏品的著录及有关资料书目等也应有详细记录。流传经历要事无巨细，写清该藏品以前的收藏经历。

征集经过要详细说明该藏品被购买或移交、捐赠的经过，时间、地点、价格都要写清楚。铭记题跋、鉴藏印记都属藏品详细信息，历史时期的书画、艺术品等大多都有相关的信息。鉴定意见要注明历次鉴定时间及鉴定人，当然最重要的是鉴定结论，如某年某月某日，经某专家鉴定，该物品是什么年代的文物，可定为某级文物，等等。修复、装裱、复制记录要注明承担单位、时间及制作人。如某年某月某日，某某单位对某文物进行过怎样的修复，对修复部位、使用材料等都要有清晰的记录。现状记录要说明该藏品现在的状况，哪里有裂纹、哪里有破损、哪里有污渍，都要记录清楚。使用记录要记录某年某月某日展览部或其他部门人员谁来调取或使用过该藏品。

该藏品的绘图、照片都要附在档案后，录音录像资料、光盘等也要一并存档。

这样做下来，今后再看藏品档案，就知道该藏品方方面面的细节信息了。

十一　什么是预防性保护？如何保证藏品在库房"不生病"？

预防性保护的关键是"预防"。通俗地说，就是在藏品还没有"生病"的时候就要照顾好它，以降低它的生病概率。如若平常不管不顾，等藏品生病的时候再亡羊补牢，就为时已晚了。

预防性保护就是通过控制藏品保存环境来实现延长文物寿命的目的。而藏品保存环境就是指藏品放在哪里，如果藏品在库房，那就是库房环境，还有储藏柜、囊匣等环境；如果藏品放到展厅展出，那就是展厅、展柜环境。当然，这个环境同时包括物理、化学、生物等多个方面。

保证藏品在库房"不生病"，最重要的是维护好四个环境。微环境指储藏柜、囊匣等储存藏品的相对密闭空间。小环境指库房、提看室等长期或临时存放藏品的室内空间。大环境指博物馆建筑物所覆盖的室内空间。室外环境指博物馆建筑外的暴露空间。其中小环境和微环境对藏品的影响最大。

保证藏品在库房"不生病"，关键是调节好两个因素。

首先是温湿度。博物馆对环境温度的要求并不十分严格，因为温度的缓慢变化对大多数藏品来说没有特殊的破坏作用。

但如果温度忽冷忽热，短时间的剧烈变化却很容易对藏品产生巨大影响，甚至带来伤害。相对温度而言，湿度对藏品的影响很大。湿度过高，会导致青铜器、铁器等金属类物品加速腐蚀，同时，湿度过大也会使霉菌、细菌加速生长或繁殖；当湿度过低时，还会引起诸如纺织品、纸质、木质文物出现变脆、易于断裂等问题。同样，当湿度剧烈变化时，对藏品的损害会更大。有些小馆，为了省电费，下班后可能将库房的温湿度调控设备断电，其实，这种忽冷忽热、时干时湿的环境对藏品的损害极大。

其次是光。自然的太阳光对藏品影响最大。出于这方面的考量，库房里基本上不会有太阳光，这个因素可以忽略不计。在库房，最大的祸害就是人工光源，光的辐射对藏品是有害的，其中紫外线光最厉害。一方面光可以发热，另一方面光还可以引发化学反应并加速文物的破坏。因此，库房应尽量选择对藏品影响最小的光源。

总之，环境因素对藏品的影响是巨大的，因此，通过有效的监测、调控、干预，尽量减少环境因素对藏品的危害，努力使藏品处于一个"安全""稳定"的生存环境至关重要。

十二　提取利用藏品需要走哪些程序？

　　博物馆的藏品肯定不能放在库房里束之高阁，它存在的意义在于被社会妥善利用，发挥出其最大价值。由于学术研究、陈列展览、借给其他博物馆展览、装裱、拍照、观摩等业务工作的需要，很多藏品都会被经常地从库房里提取出来。

　　提取利用藏品并不是简单地将藏品从库房搬出来就可以，因为期间存在许多潜在风险。如藏品借出去展出，还回来时发现被换成假的了怎么办，不小心被损坏了怎么办，等等。所以需要出台一套《××博物馆藏品提用制度》，通过制度程序规避风险，保证藏品安全。

　　首先，藏品使用部门在藏品出库前要填写《藏品提用表》，并在上面明确说明使用理由、使用期限。申请人、藏品保管部主任、分管藏品保管的副馆长签字后，交给藏品保管部，作为藏品提用审批依据。对于一级、二级文物，出库更为谨慎。

　　藏品提用有短期的，也有长期的；有出库房大门的，也有不出库房大门的。先说短期的，不用出库房大门的情况。如研究人员研究某件藏品，准备对其纹饰进行细致深入的观察，因此会申请提阅藏品。或者由于档案记录等需要，我们要给藏品拍摄照片、制作拓片等。提阅通常在提看室，摄影、拓片在摄影室，这些场所都是在库房大门内的功能配套用房，所以藏品只是从保管它的小库房提取出来，并没有走出库房大门。而且这种利用都是短暂的，基本上半天、一天的时间就能完成，然后归库。如果特殊情况当天没有用完，第二天继续使用，那也不能图省事，索性将藏品放在提看室或摄影室。如果当日不能完成，下班前必须归库，第二天使用时，需要重新提用。

对于陈列展览等长时间提用，在出库时，要完成一项重要工作——点交。一是保管部、使用方双方在场，清点提用藏品数量，确保与之前填写的提用申请表一致。二是要交接清楚藏品提用时的现状。假如藏品归还时发现瓷器有条明显裂纹，要么是借用前就有，要么是在借出去使用过程中不小心造成，但出库时没有查验清楚，这时就不好确定责任。如果是借给外馆陈列展览，一般还要签订《国有博物馆馆藏文物借用合同》。

当然，藏品在提取使用过程中如发生遗失、损坏，当事人应提交书面报告，说明情况。博物馆调查、核实后作出处理。

十三　什么是藏品注销？为什么不能轻易注销藏品？

藏品注销是指对因各种原因藏品严重损坏已达不到收藏标准，或已不属于某博物馆藏品的，通过一定程序在藏品总登记账上加以注明，进行销账。这是确保藏品总登记账和实际的物品保持账物一致。否则就会造成账目混乱，对藏品无法有效管理，造成不必要的损失。

在什么样的情况下可以注销藏品呢？最常见的情况是藏品调拨出馆。如某市新建设了一座市级综合性博物馆，经协调，政府从该市下辖县的博物馆调拨了一批藏品，也就是这些藏品原来是某县博物馆的，现在属于某市博物馆，那么这批藏品就要在某县博物馆注销，在某市博物馆登记入藏。当然，交换藏品也是一个途径。如两个馆互通有无，交换藏品后，这些藏品在原来馆就必须注销。

藏品因老化、腐蚀、损毁等原因造成无法修复且无保存价值也是注销藏品的重要原因之一。如一件国画作品，在借出去展览中恰巧遭遇火灾，该画作基本损毁。或者在藏品修复过程中，由于修复师操作失误，造成了藏品不可逆的损坏，也会造成藏品不再具有历史艺术科学价值，可以考虑注销。如果藏品因地震、洪水等不可抗力造成灭失，也需要注销。

但在实际情况中,这样极端的藏品安全事故很少会发生。

被鉴定为无文物价值的现代仿制品,一般也应注销。如一件唐三彩藏品,收藏时经过专家鉴定,认定没有问题的可以收藏。但随着时间的推移,可能又有新的技术和设备辅助检测,发现该唐三彩是采用老材料造假做成的,这种情况同样需要注销。

对于博物馆来说,注销藏品是迫不得已的事情,一般不会主动为之。因为藏品是国家的文化财产,一旦入账,就要永久保存,不能轻易注销。如果注销,那该藏品的基本情况、注销理由等要在博物馆网站或报刊等进行公示,接受社会监督。

虽然在特殊情况下藏品注销,需要在藏品总登记账上进行注明,但一般该藏品的总登记号仍需保留,不会再给其他新入藏的藏品使用。而且注销后的原藏品档案和编目卡片也需继续保存,作为永久的原始资料。另外,如果注销的藏品是调拨或移交给其他博物馆的,那么,该藏品的档案材料也需主动提供给接受单位。

十四 非物质文化遗产博物馆的藏品能否进行买卖?

博物馆的藏品能否变卖一直是备受关注并颇具争议的话题。我国的《博物馆条例》明确规定,博物馆不得从事文物等藏品的商业经营活动。国有博物馆藏品属于文物的,不得赠与、出租或者出售给其他单位和个人。因此可以看出,在我国,变卖藏品基本是不可为的。

但是否就可以一棒子打死,完全不行呢?随着我国博物馆事业的不断发展,博物馆类型、藏品、所有者的情况也在变化,对博物馆藏品能否变卖,如能否进入拍卖市场,法律法规上还是留有余地的。如《博物馆条例》第二十六条就明确指出,博物馆终止的,应依照有关非营利组织法律、行政法规的规定处理藏品。比如一些博物馆收藏有当代艺术品,未来处置时可能会走上拍卖的道路。

类似问题在欧美等国的博物馆较为开放,但关于售卖馆藏这一话题,也一直存在争议,特别是2016年,佳士得纽约为大都会艺术博物馆设置专场拍卖,出售501件馆藏,囊括了自唐代以前至明清各时期的陶瓷作品,将这一话题推上了风口浪尖,而这场拍卖最终收获了1200万美元。2016年后这类争议少了很多，这很可能与很多西方重要博物馆都开始出售馆藏的事实有关。也就是说，那次拍卖已经让社会慢慢地接受这种理念。

其实，关于这个话题，主要包含了以下三方面问题：一是为什么东西方对于这个问题看法不同？二是什么藏品能卖，什么藏品不能卖？三是卖藏品所得的钱做什么用？

中西方理解的不同关键在于博物馆性质的不同。目前我国的国有博物馆主要依赖财政资金支持，一般没有生存的压力，但欧美国家的公私博物馆基本要凭借自身去寻找资金来源，以维系其正常运营。

什么能卖的标准在于"藏品对博物馆是否还有用"。欧美的很多博物馆每隔一段时间都要对馆藏藏品进行一次系统梳理，然后进行综合考量，留取精华，淘汰不合适的藏品。至于哪些藏品被定义为"不适合"，在美国一般需要有两位博物馆专家给出意见。而在英国，博物馆也要借助外力，并不是自己就可以随意决定的。

藏品卖后得到的钱应该是"以藏养藏"。无论博物馆怎么变卖藏品，都不是因为博物馆穷得活不下去了，以卖东西赚钱来养活博物馆，而是所有收入必须用在购买新的藏品，以达到输入"新鲜血液"的目的。

四、展览展示篇

一 什么是展览?

展览是由两个字组合而成的,"展"即展示,"览"即观看。展览,既可做动词,专指在一定时间内,在特定场所进行展示的行为;也可做名词,特指在一定时间内,在特定场所进行的供观众观看的活动。

广义上讲,展示设计可以分为展览会设计、商业空间设计、博物馆美术馆科技馆等主题展馆展示设计、节庆环境设计和演艺环境设计。展示设计包含博物馆展览设计,只是博物馆展览具有一定的特殊性。所谓特殊性,主要是因为博物馆的属性,博物馆是一个为社会及其发展服务的、向公众开放的非营利性常设机构。博物馆展览务必重视两个问题:举办该展览的教育目的是什么?如何达成预期的效果?教育是博物馆最重要的功能之一,因此博物馆展览在本质上要以传播信息、教育公众为首要目的,并且要保证所展示传播信息的科学性,这区别于其他以美为主要特征的展览。

虽然其他的展览也展出一些观众不了解、能吸引观众兴趣的内容,使他们能获得新知识,也有教育性,但这并不是这类展览的主要目的。例如商业展览的主要目的在于促进产品销售,艺术家举办个人作品展览是想让更多人了解自己的艺术并提高声望。而博物馆作为公益性的公共文化服务机构，观众是博物馆的服务对象与公共文化的受益者。

博物馆展览通常被当成名词，就是在博物馆空间举办的展览活动。博物馆展览还有博物馆陈列、博物馆展陈、博物馆陈列展览、博物馆展览展示等说法。

马克思主义理论研究和建设工程重点教材《博物馆学概论》中认为，"博物馆展览是指在特定空间内，以实物展品和学术研究成果为基础，以艺术或技术的辅助展品为辅助，以展示设备为平台，依据特定传播或教育目的，使用特殊的诠释方法和学习次序，按照一定的展览主题、结构、内容和艺术形式组成的，进行观点和思想、知识和信息、价值和情感传播的直观生动的陈列艺术形象序列"。

二 非物质文化遗产博物馆展览的工作流程是什么?

非物质文化遗产博物馆展览总体上有内容设计、形式设计、施工布展、评估调整四个流程,类似于电影电视剧要经过撰写剧本、前期制作、开机拍摄、后期制作、宣发上映等程序。

第一,内容设计。这就好比电影拍摄前要有一个剧本,好的剧本、优秀的内容,加上演员表演、导演制作才能形成一个好的作品。非物质文化遗产博物馆要有一个优秀的展览,首先就要进行内容设计。展览内容设计的主要目的就是确定展览的逻辑架构,图片、文字内容、展品等。

第二,形式设计。这个阶段简单地说就是可视化,靠形象思维开展工作,将上阶段文字形式的内容设计文本变为形象具体的设计方案。在设计师开展形式设计之前,往往需要内容设计人员进行"说戏",即将文本中的重点内容、亮点内容进行说明,以便形式设计师能把握重点。形式设计分为概念设计、深化设计两个步骤。概念设计主要是依据展览内容文本,对展览的风格、效果进行总体把握,提出初步的意向性的设计方案,更多是对设计想法的探索。深化设计是对概念设计的扩充、修改、完善和具体化，以便下一步的落地实施。

第三，施工布展。在本阶段，设计人员成为施工组织者，施工工程主要由工程技术人员承担。施工阶段是以内容和形式设计阶段的成品为输入，其输出的成品就是面向观众开放的陈列展览。布展是指将展品按照安全规范等布置、固定在展览位置上。展览施工一般都交由专业的展览公司进行，而布展由于涉及文物等展品安全的问题，往往由博物馆工作人员自己完成。

第四，评估调整。施工布展阶段通常一直持续到展览开放之前，一旦展览完成，观众入馆参观，就意味着展览工作转入评估和调整阶段。在本阶段要开展两项工作：一是博物馆开始对展览的成功度进行定性定量化的评估，二是根据专家及观众的评估意见对展览进行完善调整。

当然，在展览具体实施过程中，几个阶段视具体情况调整，如有的展览内容设计和形式设计可能是同一批人；有的展览由于经费和专业技术人员受限，可能不进行展览评估；等等。

三 什么是内容设计？

展览内容设计就是根据展览主题和内容，完成从选题提出、前期准备、展览大纲、展品确定到展览文本和延伸设计的整个流程。

展览内容设计的选题提出、前期准备、展览大纲、展品确定、展览文本、延伸设计六个程序，是一个理想的、完整的展览内容设计流程。选题提出包括初拟选题、选题确认和策展人确定。前期准备包括观众调查、资料收集和资料研究。展览大纲包括主题确定、展览定位、展览结构、大纲评估。展品确定包括展品遴选、展品征集或借展，还有确定重点展品、辅助展品，以及特殊展品。完整的展览文本包括展览名称、前言、展览各层次结构、展览说明文字、知识窗、展品说明牌、结束语等。延伸设计主要是要在展览中说明的，帮助形式设计师理解展览文本或其他需要说明的内容。

由于展览规模和类型不同，内容设计的完成时间也不同，多则一两年，少则数月，一些简单的展览可能数周也能完成。而且对于一些短期展览，往往会减少某个程序，不一定六个哪个都有。

无论流程如何，展览内容设计要坚持以下四个原则：

第一,正确原则。展览主题和内容应维护国家安全与民族团结,弘扬爱国主义,传播弘扬中华优秀传统文化,传导正确的历史观和价值观。展览要准确把握党的历史发展的主题主线、主流本质,旗帜鲜明地反对和抵制历史虚无主义,整体上必须是积极向上的。

第二,科学原则。展览应体现本领域先进和稳定的知识体系,坚持科学性和客观性,以科学的研究成果作为展览的学术支撑,准确地揭示藏品的历史文化内涵,尊重历史事实,最后保证传递给观众的信息是正确无误的,不能误导观众。

第三,传播原则。要从观众的认知特点出发,基于观众的兴趣,传递易被观众理解和接受的信息。展览就是要将枯燥无味的、难懂的学术研究成果转化为公众乐于接受、通俗易懂的普及知识,使展览更好地为社会和公众服务。

第四,创新原则。符合社会和博物馆事业发展的阶段性要求,倡导展览的原创性和多样性。要创新展览思路,选题新颖,立意有特色。

四 什么是展览大纲和展览脚本？

展览大纲是展览内容设计的重要一环。展览大纲是什么？是一个展览的指南或概要吗？是蓝图吗？是一些思想的汇集吗？展览大纲究竟是什么？

展览大纲包括主题确定、展览定位、展览结构、大纲评估。

第一，主题确定是确定展览名称、主旨及传播目的。展览传播的目的就是观众参观后，他能记住展览的核心观点，不能让人家白来一趟，即让观众知晓、认可和接受策展人所想要传播的信息。设定展览传播目的，要从观众的立场出发，知道观众想要什么，而不是撰写展览大纲的人想当然地以为观众对什么感兴趣。

第二，展览定位是对观众进行准确定位。根据前期调研，确定不同的目标观众，如青少年、行业专家、普通观众、残疾人群等。根据不同的目标观众，确定不同的展览思路，有针对性地设计展览内容。如果是针对行业专家的展览，则学术性、资料性必须是第一位的，因此可以采用密集式展出展品的方式，内容越多越好。若是针对儿童和青少年的展览，则要增强趣味性、互动性、参与性，要能吸引他们的注意力。

第三,展览结构就是展览层级,通常由部分、单元、展品组或展品等几部分构成。结构要科学合理,逻辑通畅,层层递进,这也是观众参观展览时的一个逐步认知的过程。各层之间要存在有机联系,统一并服从于展览主题。当然,各单元的内容体量要大体相当,尽量避免有的单元内容及展品丰富,有的内容却少得可怜。

第四,大纲评估就是在撰写过程中聘请馆内外的行业专家,对展览大纲的主题、定位、结构等进行评估,发现问题,及时纠正,将部分问题扼杀在摇篮里,这对于提升展览质量至关重要。

展览脚本就是在展览大纲的基础上,形成完整的展览文本,包括展览名称、前言、展览各层次结构、展览说明文字、知识窗、展品说明牌、结束语等。展览中上墙的文字、图片,展柜里摆放的实物展品等,都要在脚本中写明。假如展览中要复原一个非物质文化遗产项目的手工作坊,在脚本中,我们要写明作坊的大小,其中有几个人物,分别都在干什么,神态如何等。这就像是拍电影时的分镜头脚本,演员可以根据剧本表演,而场景制作师也可以根据脚本制作出符合展览需要的场景。

五 如何确定非物质文化遗产博物馆的展览主题？

展览主题是展览的核心。基本陈列也好，临时展览也罢，都要从确定展览主题开始，这便是选题。非物质文化遗产类型多样，角度多元，情况复杂。只有明确了展览内容的选题方向，后续的工作才能有条不紊地展开。在研究确定展览选题时，要把握以下几个特性。

第一，要保证展览主题和内容的科学性和思想性。非物质文化遗产博物馆陈列展览是进行非遗教育、提供审美欣赏的重要窗口。科学性是指能客观反映真实的历史史实，客观反映历史事件及历史人物，如非遗传承人的师承关系，等等，都要实事求是。思想性是指有利于社会发展和时代进步的具有正能量的内容。非遗来源于生活，展览要反映出生活的美好。

第二，选题要有一定的综合性。非物质文化遗产可以从项目的历史文化、制作技艺、传承人生活、传承经历等多角度出发。同时应根据多方面因素加以考虑，根据博物馆的地域、类型特点，根据博物馆宗旨使命和馆藏藏品数量种类，特别是要对藏品进行深入的研究分析。展览的选题还需要做广泛的观众调查和专家咨询工作。结合博物馆的发展规划、财政预算、教育资源以及目标、观众等现状进行综合分析，并对展览的主题、内容和形式做出明确定位。一定不能为了赶时髦，在展览选题上天马行空，为所欲为。脱离了本馆的业务宗旨、基本属性，质量自然无从谈起。

第三，选题要与当下社会、普通公众有相关性。非物质文化遗产博物馆的展览要回应当前的社会关注，社会关注体现了民众的兴趣所在，是人民群众的美好生活愿望，也是影响选题策划的因素之一。我们要坚持"人民的非遗、人民共享"理念，努力弘扬非遗的时代价值、展现时代风采，推动非遗更好地融入现代生活，更好地服务经济社会发展和满足人民群众日益增长的美好生活需要。

第四，选题要注重特色性。博物馆的建设不能"千馆一面"，不要追求形式上的大而全，展出的内容要突出特色。非物质文化遗产多姿多彩，各地都有独具特点的非遗项目，我们应策划最能体现本地历史文化的、最具特点的非遗内容，不求全面而求突出重点、亮点。

六　什么是形式设计？具体包括哪些内容？

形式设计是设计者形象思维后的产物，是连接内容设计和施工布展前后两个阶段的中间环节。

内容设计如果有什么失误，在形式设计阶段还可以重新提出修改要求并采取补救措施，不致造成太大的损失。但形式设计如果有考虑不周之处，则很可能会造成施工阶段在人力、财力和物力等方面的损失和浪费。可见，形式设计所肩负的责任是重大的，压力也是沉重的。

形式设计可分为概念设计和深化设计。主要是将文字内容形象化、实物场景一体化、景观模型动态化、展示手段科技化，将展览内容的科学性、丰富性与展览方式的多样化、现代化和技术化有机地结合起来，形象深刻地展示展览的主题和内涵，增强展览的生动性、观赏性、趣味性。

吃透内容和了解建筑是做好形式设计的先决条件。

在设计准备阶段最重要、难度最大的就是掌握陈列内容。形式设计不是纯粹的艺术创作，它是围绕着展览内容展开的，每一个空间的设置、造型的制作、技术的应用、材料的选择，都要紧扣展示主题，充分考虑到形式和内容的统一，做到"师出有名"，才能事半功倍。设计师在设计前最好不要急于动手设计，而是要仔细研读展览脚本，充分理解内容策划人员的意图，然后再进行设计构思。这一方面有赖于内容设计人员要尽可能提供完整详备的陈列展览脚本，另一方面还要依靠内容设计的提示，或是请内容设计人员向形式设计者对设计大纲进行详细的解读，这与演出排练时的"说戏"是一回事。设计师针对内容的"头脑风暴"无疑有助于他们对陈列意图的理解。

在准备阶段，对博物馆建筑的了解也必不可少。建筑是展览的承载空间，是设计师大显身手的工作舞台，在充分了解建筑层高、结构、采光、通风等特点基础上，最大限度地发挥建筑优势，有时候会带来意想不到的展览效果。如建筑层高很理想，那设计时就可以考虑采用宏大场景复原等方式。

适用、经济、美观是形式设计的原则。

适用是指通过形式设计，把展览内容恰如其分地表现出来。不要一味求新、求变，认为形式炫酷就是高质量，适合才是最佳选择。经济是指有效地使用人力、物力和财力，注意节约。美观是指博物馆展览的形式美应当突出自己的个性和独特的风格，但反对华而不实的唯美意识。这三个词也是评价设计质量高低的重要参考要素。

七 什么是参观动线？规划动线应注意哪些问题？

参观动线是指参观者在展厅空间中的移动路线。在展厅中，无论设计得多么精彩，没有一条好的参观动线，这个展厅的设计就不完整。流利的参观动线会影响到观众对展厅整体美和呈现效果的印象，因此参观动线对展厅来说至关重要。

参观展览的过程就好比阅读一本书，读书是按章节，逐页了解内容，而参观也是按照第一单元、第二单元等先后逻辑顺序进行。展览设计要依据展示的内容合理安排空间，恰当地组织参观路线，以便观众能逐步、有序地观看展览，获取信息。与阅读书籍不同的是，参观展览除了观看文字、图片，还可以通过调动听觉、触觉、嗅觉等多种感官渠道获取更多的信息。

参观动线的设计不仅可以合理引导或限制参观者的行走路线，使观众按照展览策划时的逻辑顺序观看内容，让观众对内容有整体性、连贯性、逻辑性的认识，同时还可以有效地节省观众的时间、体力。基于此，参观动线的规划应注意以下两点。

一是突出功能性。展厅动线从根本上说是一种功能性的流线，因此设计时需要遵循建筑空间的功能性要求，而形式要符合审美,要根据展厅的实际大小、空间等情况来设计。动线要很好地组织展览内容的先后关系。空间形式、展品、辅助道具设计等都与参观动态线路有关。简而言之,就是展厅的每个展项都需在动线中涉及,让观众不漏看重要内容,能形成记忆点,同时可以整理展厅的内容关系,配合工作人员的讲解节奏。

二是注重人性化。参观展览是在不断行走中了解信息的,脑力、体力同时消耗,因此看展是个体力活,很容易引起参观疲劳。在有导向性的动线基础上,设计参观动线时,需要考虑参观者的相对自由性。在个别地方,有两条或以上动线可供观众选择,考虑动线设计的弹性,而不是让观众一路闷头走到底。在转角或过渡的部分设置一些导示牌、休息设施等,既起到突出主次的作用,也让观众的疲劳在此有所缓解。好的动线还应该考虑到观众的行为习惯,让参观者在参观时没有障碍,不会摸不着头脑、发生迷路的情况。

八 什么是概念设计？

概念设计，是形式设计的第一阶段，也是展览形式设计的核心概念，主要是依据展览脚本，对展览主题和效果进行总体把握，提出初步的意向性的设计方案，它是对设计想法的探索，也是确定展览风格、基调的重要一步。

概念设计是设计师表现总体设计意图的一种方式，也是提供给博物馆及主管部门等审查形式设计方案的一种方式。有时设计师要做出几种不同风格的概念设计方案，供大家对比评判后选择最理想的方案。

概念设计一般包含总平面图布局、展览流线设计、基本造型风格设计、总体环境色彩方案、照明方案、重点展项意向设计、资金概算等。

概念设计就是将展览脚本具体化，从内容到形式，统一安排、统一平衡、统一色调，全面布局。概念设计可以沿着由大到小、由粗到细的思路分为以下三个步骤。

进行总体布局规划，确定展览的参观线路。就是将展览的内容和展品有序地安排进博物馆展厅，根据陈列主题结构和逻辑顺序，因地制宜地使用展厅。根据展厅建筑特点，决定展览如何开头、如何结尾、如何划分，每个展厅如何突出重点，还要考虑确定展览的主线和副线等问题，从而制定出适当的参观线路。总体布局的目的，就是在展厅建筑平面图上对空间做出轮廓性的功能划分与布局，其依据主要是展品的总量和展览的逻辑。

确定展览的基本表现形式。在确立基本表现形式时，要考虑到展览的内容和展品的性质、特点，同时还要考虑到特殊的展墙、展柜、照明灯具等因素。例如近现代书法绘画展览需要拿出大量的墙面用以悬挂，珍贵的古代书画要用恒温恒湿的书画柜，古代文物陈列要用玻璃展柜加以保护，红色主题展览一般较多历史资料文献和图片、手稿，通常要用到桌柜，等等。

确定展览的整体艺术风格。不同题材的博物馆对风格的要求也不同，概念设计就是要寻找到契合博物馆的风格。如非物质文化遗产展览要活泼有趣，能够吸引人；红色主题展览一般较为正统，不能花里胡哨；历史主题展览要凸显出历史的厚重感。

在概念设计阶段，设计师要有全局观念，涉及博物馆的各个空间都要有想法，建筑门厅、展览序厅、展厅等都应该做重点考虑，不能只关注主体展厅。

九 什么是深化设计？

深化设计是对概念设计的修改、扩充、完善、深化和具体化，应与前期概念设计保持一致性。深化设计工作会涉及展板平面设计、柜内布展设计（展台、展架等）、多媒体设计、艺术品（场景、雕塑等）、施工图绘制（施工图部分、电气部分）等。

展板平面设计就是部分说明文字、单元说明文字、图画、表格、照片等的平面排版设计。平面设计，通常也叫视觉传达设计，是以"视觉"作为沟通和表现的方式，通过各种方式来编排图片和文字，用来传达想法或讯息。平面设计师将利用字体排印、视觉艺术、版面、电脑软件等方面的专业技巧，来达成设计目的。如部分说明文字字号较大、单元说明文字字号略小，层次分明了，重点也就突出了。字体的颜色如何才能吸引住观众的眼球，并让观众容易阅读。文字和图表如何错落有致地排列，突出重点，都是设计师需要考虑的问题。

柜内布展设计主要是指展柜内的展品如何摆放，怎么支撑。根据展品的形态，要为它设计出专用的支架。如通常使用爪架支撑、金属支架、钢化玻璃、亚克力板等支撑不同的展品。值得注意的是，对于易碎的展品，需要注意支架与展品接触的地方，可以用软橡胶等缓冲垫对接触点进行缓冲，以免对展品造成二次损坏。对于体量较大的展品，也会使用钓鱼线等捆绑牵引，以防展品倾倒。柜内道具的设计，既要美观，又要隐蔽，以免分散注意力、影响展陈美观。

多媒体、艺术品的设计在当下的展陈设计中越显重要。多媒体的深化设计是将展览脚本中对多媒体的要求转化为分镜头脚本，并给出风格示意，或是创作小稿。艺术品深化设计同样要给出场景的效果图，对于重点元素，还需创作小稿。

施工图是"工程的语言"，就是尺寸、材料、工艺以及设备、施工等要求的图样。施工图一定要图纸齐全、表达准确、要求具体，这是进行工程施工、编制施工图预算和施工组织设计的依据，也是后期进行技术管理的重要参考文件。特别是随后工人施工要依图进行，如果图画错误或尺寸不准，现场施工肯定会出现问题。

总之，深化设计完成后，博物馆展览的"未来面貌"就都确定了，接下来就是如何将设计落地，将梦想变成现实。

十 什么是施工布展？

施工制作就是将形式设计阶段的想法从图纸落地实施，在展厅空间以设计阶段的成品为依据，其产生的成品就是可以对观众开放的陈列展览。这是一个由主观到客观的过程，作业种类很多，参与者也很广泛，是需要团队协作的成果。如果说陈列设计阶段主要是科学性和艺术性的问题，那么施工布展阶段面临的主要是技术性和经济性的问题。

施工的程序一般为施工进场、隐蔽工程施工、阶段验收、结构造型施工、基础装饰完工、展陈布展、多媒体施工、综合调试、竣工验收等几个阶段。隐蔽工程施工主要是指水电的铺设、吊顶、轻钢龙骨展墙的铺装等，这也是施工完成后看不到的工程，所以要进行验收，有隐患，及时弥补，然后再进行下一步。图文展板的制作和安装也很重要。如果说隐蔽工程是"里子"，那图文展板就是"面子"，是观众可以直接看到的内容，所以其工艺精致与否都会给观众带来不一样的体验。

施工内容包括材料使用、环境施工、展具定制加工、辅助展项制作、成品设备选购使用、多媒体技术应用、舞美技术应用、文物保护技术应用、美工装饰等多个方面。

在展览工作没有市场化之前，我国博物馆以往大多是由馆内人员承担施工的，在管理上存在许多问题。专职的制作人员太少，无法满足展览工作的需要，而人员太多，又会形成非施工阶段的人员浪费。如果没有专职人员，在施工时从其他部门临时抽调专业人员，不仅使人产生一种被频繁拉差的反感，而且施工水平也不能保证。材料买少了，怕不够用，买多了，则会形成积压浪费。业余水平的制作有可能造成返工，浪费资源。低水平的施工不仅会牵扯到设计人员的精力和时间，还会影响到最终的质量和效果。因此，专业的人干专业的事便显得尤为重要。现在的展览施工都比较复杂，一般都是承包给有相关资质的施工单位。最重要的是，施工现场应严格管理，一定要保证现场施工的安全。

布展就是在开展前，将展品从库房搬运至展厅陈设在展柜中，并用适当的展托、固定装置等固定好展品。这是展览开放前的最后一步。由于布展是直接接触文物等展品的，所以，出于对展品安全的考虑，这项工作基本上都是由博物馆专业工作人员自己小心翼翼地完成的。

十一　如何设计非物质文化遗产博物馆的展览灯光？

在我们参观的很多展厅中，有些展览明明在主题定位、内容设计、空间布局和多媒体展项运用等方面做得都很好，但在视觉上总感觉少了点美感，各展区之间的过渡也过于平淡，参观之后，没有印象深刻的展品，细细想来，这些问题在很大程度上是因为忽略了灯光设计的缘故。

细节决定成败，一个展厅空间的精彩之处往往取决于细节，而灯光就是重要细节之一。没有光，就没有视觉空间艺术，好的灯光设计会产生丰富的空间层次、凸显空间的流动感。那么在展厅设计中，如何做好灯光的设计规划呢？

展厅的照明可分为普通照明、重点照明。普通照明是给展厅环境提供全面的、基本的空间照明，使整个展示空间灯光和谐均匀、明亮舒适，是每个展示空间中不可缺少的照明方式。局部照明通常是指展柜的照明。重点照明，也叫物体照明，是针对展厅中的重要局部空间或重要展品的照明。比如一个展柜中要突出的展品，应该采用重点灯光，以吸引观众的注意。

安全、还原、舒适是非物质文化遗产博物馆灯光设计的三个原则。

首先，灯光设计要求绝对的安全可靠。安全包括展品安全和灯具安全两个方面，要在实现灯具安全的同时，务必保证展品的安全。由于照明来自电源，必须采取严格的防触电、防断路等安全措施，以避免意外事故的发生。灯光的红外线热效应、紫外线化学效应、照度水平、年曝光量等都会对展品安全造成影响，因此尽量降低损伤。

其次，灯光设计应能真实还原展品的色彩、细节、层次等。非物质文化遗产的展品都很精美，有纹饰与色彩装饰。不同颜色的灯光，照射在色彩艳丽的展品上，有可能在混合后会产生新的色彩。因照射的人工灯光还原质量不同，可能会导致映入观众眼帘的展品在外观及色彩上发生改变，与原本相比可能会大大失真。

最后，舒适也是非常重要的。在为观众提供丰富的展览的同时，创造良好舒适的视觉光环境，也是展览灯光设计的重点。我们在展厅拍照时，总会有反光，这就是眩光，极其影响观感。这是由于亮度过高的区域会成为眩光源，从而造成视觉困难，影响细节观看。

总之，根据展览需要、灯具位置等，选择合适的灯具是灯光设计最重要的任务。而成功的灯光设计离不开设计师与博物馆业主的良好沟通，合理需求与专业能力匹配才能做出好的作品。

十二 什么是辅助展品？辅助展品主要有哪些类型？

谈到博物馆展品，我们最先想到的是那些放在展柜里的物品。其实，所有在展览中发挥着传媒作用的物品都可以算作展品，不管它是否由藏品转化而来，都是陈列展览的媒介。当代博物馆的展示已不再是那种纯粹罗列文物的"晒宝型"展览，除了展品，还有辅助展品。所谓"辅助"，只是说其没有永久收藏和科学研究的价值，但它具有信息传播的功能，能辅助人们理解展览主题思想，所以并不意味着它们所占的展出空间、体积尺寸、传递内涵的重要程度等必然要比实物展品低一等。

博物馆辅助展品一般分为两大类。一类是艺术类辅助展品，包括地图、图表、模型、沙盘、场景、壁画、油画、漆画、半景画、雕塑、蜡像、艺术装置等。另一类是科技类辅助展品，包括声音、视频、声光电合成技术、仿真复原、虚拟现实、增强现实等。

辅助展品在实际运用中优势很大。一是由于博物馆的收藏有限，或者有些用实物展品很难表达的内容，就需要辅助展品。如非物质文化遗产的相关传说，由于只有单纯的故事描述，没有反映它的实物，这时就需要我们根据传说故事创作油画，或制作一个视频动画，让观众一目了然。二是可以增强展览的通俗性、可看性。实物展品有时会让人看不懂，如仅仅将非物质文化遗产婚俗中的物品放入展柜，观众是不可能理解它的用途的，这时就需要我们配上一幅图片，以图片的形式进行解读，当然，如果能制作出一个结婚场景，将这些物品融入到场景中，那就更好了。因为观众更喜欢看这种有温度、有生命的展品，而不是干巴巴的实物。

但辅助展品也是一把双刃剑。第一，不能过度利用，我们既然定位它是辅助，就应该分清主次，不能展厅里只见辅助展品而不见重点展品，喧宾夺主是必须避免的。第二，辅助展品的选用要得当。前边提到很多种类型，但如果用传统国画的方式去表现一个近现代婚礼，肯定不如油画或场景呈现更妥帖。第三，辅助展品的制作要讲究科学依据。不能因为是辅助，就不重视它，更不能误导观众。还有地图等辅助展品，应严格按照国家测绘地理信息局发布的官方地图，而不能随意臆造。

成也细节，败也细节。千万不能忽略辅助展品而影响了整个展览的质量和效果。

十三 展品应该如何包装运输？

与我们搬运日常物品不同，博物馆展品的包装和运输是非常严肃的一件事，不能随便装在盒子里带着就走，全程要严格遵守《文物运输包装规范》（GB/T 23862—2009）。同时，由于文物的价值较高，为防失窃、防破坏等，一定要由国家正规的、专业化的文物珍品运输公司负责运输。

展品的运输包装就是使用适当的包装材料、包装容器，并利用相关的技术，保证展品在运输过程中的安全。

首先是包装。应该使用环保材料，注意对展品内部结构、质地及表面层的保护。包装应做到防水、防潮、防霉、防虫、防震、防尘和防变形。其箱体也包括内、外包装箱。当然在操作过程中，也要视展品的具体情况而定，还有一些极其细节的地方都要注意到。

以非物质文化遗产博物馆内大量的纺织绣品为例，操作包装时一般不需要戴白手套。因为棉布白手套可能会跟纺织绣品的纤维发生缠绕，导致操作难以进行，甚至损坏展品。如果佩戴有戒指等首饰，原则上必须取下。不方便取下时，为了保护展品，可以在戒指的周围卷上胶带或者创可贴进行操作。其实，像这种有黏性的粘贴物更容易黏上或拉扯纺织绣品上的纤维。若戒指不能取下，最好使用白手套。纺织绣品包装操作的重要环节就是展开和折叠。所以其工作区域必须可以充分地容纳展开状态下的纺织绣品，特别是体量较大的服饰等，要充分考虑到预留空间。在桌子上操作时要采取站姿，而在地面上操作的时候要采取跪坐或半蹲姿势。如果把纺织绣品直接放在毛毯或者垫子上进行展开和折叠，纤维很可能会沾在上面。所以，在毛毯或者垫子上操作时，需要再铺上一层不会起毛的薄页纸等。

其次是展品运输中要以保障安全为前提。如果两地路程在 24 小时内，可选择公路运输，过远的距离应采用铁路运输或空运方式。使用汽车、火车运输，必须由专职人员押运。运输时，宜使用全封闭厢式货车，车厢内应安装有温湿度控制设备，根据运输展品的需要，设定温湿度控制范围。车厢厢体内也应装备有防火、保温夹层。

总之，不管是包装还是运输，小心、细心是关键。有时正是因为忽略了一些小的细节，从而对展品造成不可逆的损坏。

十四 非物质文化遗产博物馆展品的展陈方式有哪些?

博物馆陈列展览中不管展示什么样的展品,都必须重视合理布局的必要性。展览设计师会依据展厅环境、展品特点等因素陈列展品。那么,针对非物质文化遗产物品的特殊性,一般对展品的展陈主要采用哪些方法呢?

第一,静态陈列。这是对非物质文化遗产制成品最传统并且使用最为广泛的一种展陈方式,通常将制成品放在展柜中进行展示,在绝大多数展馆中都会用到。优点在于,观众可以清晰地观察展品的造型和色彩,欣赏非物质文化遗产的成果。但若想展示物背后的生态、行为及形成过程(如制作工艺流程、仪式流程)时,静态陈列手法就无能为力了,它的弱点在于不能具体表现时间流程性信息,而且风格效果比较单一,比较容易引起观众的视觉疲劳。

第二,动态陈列。随着科技进步带来的多媒体技术的发展,博物馆陈列展览开始大量采用声、光、电等多媒体技术手段,这种动态的陈列方式能够增加陈列展览的趣味性,吸引观众的眼球。音视频是较为常用的方式,如针对表演艺术类遗产中的说唱、戏剧、音乐等,可以采用音频的方式让观众通过声音感受遗产的艺术魅力。针对传统工艺技术类遗产中的传统服饰制作技艺、传统饮食烹调技艺、传统交通设施与交通工具制造技艺等,则可以采用视频方式让观众观看制作流程。虽说这种方式展示的信息更加多样,易于吸引参观者,而且对于新内容的添加比较方便。但不足之处也是有的,这种展陈方式互动性仍显不足,无法使参观者全身心地投入进来。

第三,活态陈列。非物质文化遗产是一种活在当下、服务当下的遗产,它的最大特点就是它的"活态性"。因此,"见人见物见生活"的活态展示理念应充分运用到非物质文化遗产博物馆的展览中。非物质文化遗产以人为核心,只有通过人的展演,才能较为完整、充分地将其所承载的各种社会实践、观念表达、表现形式、知识技能展示给观众。非物质文化遗产博物馆可以在展厅中将活态展演局部融入整个展览,或设置专门的非物质文化遗产体验厅、工美大师工作室等,让文化遗产"活"起来,让非遗技艺"潮"起来。

以上为现今展陈中比较常用的方式,因非物质文化遗产类型多样,具体的展陈方式要根据非遗项目的特点及展品情况进行合理选择,才能使展览达到预期的效果。

十五　如何展示民间文学类遗产？

我国政府高度重视民间文学的保护和传承工作。民间文学大体可分为神话、民间传说、民间故事、民间歌谣、民间谚语等。其中既有大家耳熟能详的盘古神话、西王母神话等中国神话，也有在民间广为流传的梁祝传说、白蛇传传说、牛郎织女传说和孟姜女传说等。

"口头"是民间文学的流传方式，人人能讲、人人能说。但也正是这种看不见、摸不着的口头流传让它的展示变得有点困难。

从内容来说，民间文学有什么可以展示的呢？民间文学具有重要的历史认识价值、文学价值、社会价值和借鉴价值。有些故事深刻印在我们的脑海中，有的史诗蕴含民族团结进步和维护国家统一的内涵，有的故事、谚语表达了人民群众的爱恨情仇和礼义廉耻，影响并改变我们的世界观、人生观、价值观。这些民间文学的思想内容与人民群众对美好生活的需要可以说是"同心同德，同向同行"。做展览本身就是向观众讲故事，民间文学的展览想要好看，就需要充分研究，深入挖掘这些民间文学的细枝末节，将完整、真实、有趣、吸引人的"剧情"呈现给观众。另外，除了民间文学本身，它们的发展演变历程，传说故事的不同版本，重要的研究成果及代表性的学者，都是展览展示的重要内容，有助于观众全方面了解民间文学的"前世今生"及保护传承。

从形式上说，民间文学的展示最重要的是实物资料，虽然是口口相传，但也存在一定的载体，如文学文本、照片、音频资料、视频资料。这些都是展览中的重要展品。更为重要的是，要通过场景、多媒体等辅助手段将民间文学形象化、动态化、可视化，让看不见、摸不着的民间文学转化成场景模型、动画片、小游戏，让它可看、可听、可玩。有些民间文学本身就被移植改编为多样的表演，如梁祝传说，有著名的越剧《梁祝》，也有蜚声海外的小提琴协奏曲《梁祝》，还有各种版本的电影、电视剧，这些都是展览中可以利用的资源。

总之，民间文学展示的关键在于让它"活"起来，让本身极具故事性的文字变成"活的"展项，从而被观众理解并记住。

十六　如何展示传统表演艺术类遗产？

传统表演艺术类遗产是非常接地气的、活跃在老百姓日常生活中的传统表演艺术，包括民间说唱、戏剧、歌舞、音乐、传统体育竞技等，我们所说的民间小调、地方戏曲、民间舞蹈都属于这类遗产。其最大的特色就是它的"活态性"，而这类遗产展示最重要的就是将它的"活态性"发挥到极致，"活"得到位、"活"进人心。

从内容上来说，与表演相关的物和人都可以成为展示内容。如物，表演中那些"看不见、摸不着"或"看得见、摸不着"的载体，会以有形化的方式记录或保存下来，表演所依据的剧本、曲谱、拳谱等，表演的剧照，表演过程中所使用的道具、行头、布景、配乐器等都是展品。再说人，传承人、表演者的相关信息与私人物品都是展示对象。如著名表演艺术家的生平简介，日常生活中穿过的衣服、用过的生活用品等都是能让观众认识的活生生的表演艺术家的好展品。

我们常说台前幕后，舞台帐幕的后面通常是很"神秘"的，是观众好奇的地方。戏曲表演的化妆间、更衣室都是可以展示给观众的内容。俗话说"台上一分钟，台下十年功"，演员平常练功的照片、视频都能吸引观众，并使之产生浓厚的兴趣。

从形式上说，文物式的静态展陈、动静结合的立体呈现、现场活态展演都是最常用的方式。文物式的静态展陈主要是将表演艺术发展历史的图文、相关实物置于展柜，这些都是"物证"，是表演艺术的"见证者"和"诉说者"。很多地方现在还保留有出将入相的传统古戏台，可以整体搬迁到展厅复原展示，这肯定是一件"重量级"的镇馆之宝。动静结合的展示在收集、展陈物的基础上，主要辅助音频、视频等，让观众在展厅就能够"听得见、看得见"传统表演艺术。但这样的动态展示仍然差点火候，缺乏现场感。所以，现场活态展示就成了现在经常用到的方式。当然，有条件的博物馆也会单独设置一个活态展演舞台，装饰得古香古色，如南京市民俗博物馆设置一个茶馆，南京白局、苏州评弹、抖空竹等非遗项目都会在这里轮番上演。甚至有的馆还有专门的剧场。这样的活态展演，不做任何修饰地向观众展示原汁原味的传统表演艺术。

十七　如何展示传统工艺美术类遗产？

中国的传统工艺美术，历史悠久，品种繁多，技艺高超。传统画制作与绘制工艺、镂刻工艺、编织工艺、印染工艺等蕴含着中国人几千年的智慧，融会了中华民族特有的民族气质和文化素养。

《考工记》记载："天有时，地有气，材有美，工有巧，合此四者，然后可以为良。"顺应自然，遵从地理，材料上佳，工艺精美，才能造就出优秀的传统工艺。匠人们生息于大自然之中，生活给予他们启迪，自然赋予他们灵感，他们就地取材，因材施艺，将材料及其美感充分开发出来。因此，自然地理环境、原料材质、精美工艺是最重要的展示内容。

"问渠那得清如许，为有源头活水来"。一代代传统手工艺传承人师古法今，融会传统之技艺、时代之精神、自然之灵性、人文之底蕴、个人之意趣，在材料、内容、构图、技法等方面不断别出心裁、推陈出新。传统手工艺为了迎合时代变迁、补充中华民族传统文化内涵，在题材、工艺和选材上有了更多的创新性发展，使传统工艺美术类非遗成为有源之水、有本之木，历久弥新，生生不息。工匠们都是"活化石"，我们不仅要展示传统工艺美术作品本身，同时也应该让观众透过作品与制作者进行交流,了解作品背后手艺人的所思所想。

从形式来说,除了传统手工艺制作出来的半成品、成品、原材料、制作工具等的实物静态展示外,对于手工艺的动态过程则更适合通过多媒体视频进行展示。传统手工艺本来就是手工活儿,所以如何让观众参与进来并进行互动,设身处地体验工匠们的工作是非常必要且重要的,可以通过互动体验装置、模型等让观众动手,在"做中学"。

传统工艺美术类遗产强调的是"美",蕴含着独树一帜之美、百工匠心之美、自然朴直之美、雅俗共赏之美、推陈出新之美。各门类艺术呈现"各美其美",同时接受和吸取其他艺术中的优秀部分,善于"美人之美",最终呈现"美美与共"的局面。因此,从内容到形式上,都应充分展示传统工艺美术的艺术性。

十八 如何展示传统工艺技术类遗产？

与传统工艺美术强调"美"不同，传统工艺技术强调"技"，这类遗产产出的产品是生活必需品，跟衣食住行有关，如传统服饰、传统饮食、传统营造、传统交通等。

从内容来说，传统工艺技术类遗产的展示要突出其生活性。第一，要展示传统工艺技术的发展历史，让观众对于其厚重的历史有所认知。要把"百年老字号"的"百年"故事讲出来。第二，工艺技术的原材料也是展览展示的重要内容，为什么选择这样的原材料？是由于当地地理环境自然就出产这样的材料，所以因地制宜；还是有特殊需求，因此从外地运入；还是从功能性上考虑，这样的材料更加实用。第三，最为重要的是工艺技术本身，它的特点是什么？具体的过程是什么，这就需要分解动作，分步骤展示。有很多工艺技术可以说是"独门绝技"，这绝活儿绝在哪里，需要详细说明。第四，传统工艺技术产出产品的生活故事，产品在生活中的使用场景是什么，不同场景中它的功能是不是相同，扮演什么样的角色，这些都需要详细说明。

从形式上说，传统工艺技术的展示也需要突出动态、活态的特点。因为技术本身就是一个制作过程，要通过视频或现场操作演示等方式将其活生生地展现在观众面前。观众也可以参与到技术中的某个环节，切身体验工艺技术的不易和乐趣，还可以获得制作出产品的成就感。观众制作的木版年画、木活字雕刻印刷作品还可以作为纪念品带走。对于传统服饰，我们可以制作一个场景，并设置"换装秀"进行互动，观众可以在换装后变成"古人"，进行打卡拍照。

更为重要的是，我们还可以调动观众的多感官。如传统饮食，讲究色香味俱全。如何让观众感受到臭豆腐、螺蛳粉的臭味，体会到白啤、黑啤、黄啤的口感不同？我们可以设置一个气味模拟装置，模拟出不同美食的香味、酸味、臭味。可以设置一个试饮体验装置，让观众试吃品尝食物的口感。

十九 如何展示传统仪式类遗产?

中国是礼仪之邦,传统仪式内容庞杂,形式多样,因此其展示也相对复杂。

传统仪式是在特定时间、特定地点举行的具有某种仪式性质的传统民俗活动。因此,从内容来说,时间、地点、仪式本身是三个重要的展示内容。第一,要解释清楚仪式的时间。如古代皇帝祭天,一般在正月上旬和冬至。冬至过后,白昼渐长,寒夜渐短,天气间的阳气开始上升。在传统的农耕社会中太阳意味着生机,古人认为冬至代表一个新循环的开始,是大吉之日。第二,仪式在什么场所进行。如祭祀自然神的天坛、地坛、日坛、月坛,再如婚礼的婚房、葬礼的灵堂等。这些地点以及装饰都蕴含着文化,并非随意选择。第三,最重要的内容就是仪式本身了,如仪式的流程,使用的祭品、面具、服饰等,都需要认真关注。

人生礼仪是传统礼仪的重要组成部分。出生礼、成年礼、婚礼、寿礼、丧礼,这与人的一生中最重要的时刻息息相关。通过这些礼仪,我们可以看到一个人的成长,从襁褓婴儿,到青春少年,再到耄耋老者。展示时,我们要突破礼仪本身,通过礼仪讲述人生故事,如可以通过婴儿车、单车、汽车、轮椅来展示天真的童年、激情的青年、享乐的中年、垂暮的老年，也可以从出生证、学生证、结婚证、死亡证明来讲述一个人的学习和生活。这时的礼仪已不单单是一个仪式，被赋予了生活与生命。

从形式来说，传统礼仪多使用场景、多媒体两种方式呈现。通过场景复原一个仪式中最经典的固化场面，让观众对仪式的地点、参与人物、仪式使用物品等有详细了解。前文提到传统仪式都有特定地点，有些传统的原汁原味的仪式都很偏远，观众想要轻易看到并不容易。而且仪式的时间具有偶然性，即便是到举行仪式的地点，也不是随时都可以看到。所以纪实影片是很好的呈现方式，它可以动态地向观众呈现出仪式的全貌，不受时间和地点的限制。

传统仪式的展示要实事求是，不能过度美化。因为有些仪式相对原始、传统，不能说要在博物馆展示就要高大上，这种做法不值得提倡。该是什么样，就是什么样，祭祀时候的服装道具是破旧的，我们就是破旧的，而不是刻意崭新，反倒给人一种"造假"的感觉。

二十 如何展示传统节日类遗产？

我国的很多传统节日都是在传统仪式的基础上发展起来的，比如中秋是从祭月演变而来，清明是从祭祖演变而来，腊月二十三是从祭灶演变而来，庙会这类仪式是众多传统节日的共有源头。传统节日是中华文化最鲜活、最具人间烟火气的传承，全面、综合地传承一个民族历史信息与文化信息，是了解一个民族或一个地域历史与文化的重要窗口，也是增强民族认同、国家认同，构筑中国人共有精神家园的重要手段。

传统节日的展示内容要"由表及里"，层层递进，最重要的就是节日习俗、生活方式，但要更深入地展示中华民族的审美旨趣、价值观念。吃粽子、赛龙舟、悬艾草、佩香囊、饮雄黄酒、系五彩丝线……这是生活中的端午，同时也彰显出中国人深深的家国情怀，同时不断赋予精神意义，"路漫漫其修远兮，吾将上下而求索"也成为中国人的共同追求。

关于展品，最重要的是传统节日相关的有形化、物质化的实物。除夕的饺子、中秋的月饼、腊月初八的腊八粥，节日中使用的春联、门神、花灯等民间工艺美术品，节日中少数民族穿着的盛装，这些都是与生活息息相关但又能引起观众兴趣的展品。饺子、月饼这些不易保存的食物可以通过仿真模型来展示。传统节日的溯源,不仅可以从文物中寻觅到痕迹,很多史志也有记载。晋人周处的《风土记》写道:"仲夏端午,端,始也,谓五月初五日也。"东晋葛洪的《西京杂记》有"汉彩女常以七月七日穿七孔针于开襟楼,俱以习之"的记载。这些历史文献都是很有说服力的展品。

我国的传统节日数量较多,为了强化观众的认识,可以举办系列展览。同样,有的传统节日仪式相当丰富,如春节,在展示时从内容上要尽量复原详细全貌。如孔子博物馆举办过的"孔府过大年文物展"分为新衣迎春、祈福迎祥、祭祖敬先、清供献瑞,集中展示了孔府过腊八节、小年、春节、元宵节等整个过年的风俗习惯。

从展示形式来说,场景复原是最常见的,如复原庙会的场景,如果1:1复原的空间不够,微缩模型等都可以使用。传统节日的习俗也是一个过程,通过视频让观众了解节日也是较为直接的做法。对于习俗中的重要环节,也可在固定时间或特殊时间截取片段现场展示,呈现热闹景象。

二十一 如何展示传统农业技术类遗产？

要想了解中国，必须了解一个"农"字。从"农"出发，方能读懂中国。农之大者，国之大。农业技术类遗产承载着中国人数千年的智慧，蕴含着丰富的文化内涵。

广义的农业生产包括传统农业、畜牧业、渔猎业、林业，十分丰富，因此农业技术类遗产的展示内容较为广泛。首先是千年的农业历史，这是一个资源宝藏，可展示的内容太多。独具特色的农业生产知识与技能、良种培育栽培技术、政府保护传承农业遗产的政策举措等都可以展示。还有传统农业生产工具，如犁、耙、风车、水车，以及各种各样的农产品，都是重要的展陈对象。如青田稻鱼共生系统博物馆的展览，第一块内容是稻鱼之本，通过丰富群体遗传多样性、奇妙的稻鱼共生、生态学功能、丰富的农业生物多样性，展示互生互惠的共生系统。接着是稻鱼之技，详细介绍了青田先民从犁田翻地到挖沟固埂，从孵化鱼苗到放养田鱼，从播种育秧到施肥锄草，从收获捕捞到晾晒归仓，形成的一整套独具特色的传统农耕知识与技术体系。并在相应农事活动旁配备相应农具，让游客切身感受水稻与田鱼互惠的共生关系。还有稻鱼之魂内容，展示为了更好地保护与传承青田稻鱼共生系统,国家和地方政府从建立管理机构、制定保护规划、设立保护资金、开展科学研究和宣传教育等方面的作为。

还有一个特殊且极为重要的内容是二十四节气,这是宝贵的农业遗产,更是中国人认"时"、用"时"的智慧结晶,对农业生产有指导意义。因此,二十四节气是农业技术类遗产展示中必不可少的东西。如2021年,中国农业博物馆举办了一个"顺天应时——二十四节气非遗沉浸式数字艺术展",全方位展现了二十四节气的科学价值、文化内涵和艺术神韵,再加上展馆四周反映春天耕种、夏天管理、秋天收获和冬天加工收藏的互动展项,呈现出了浓厚的节气文化氛围。

从形式来说,农业技术类遗产因类型多样,所以实物、模型、多媒体、互动游戏等都是常用手段。如2018年的中国重要农业文化遗产主题展,制作了河北宣化城市传统葡萄园、内蒙古阿鲁科尔沁草原游牧系统、广西龙胜龙脊梯田、陕西佳县古枣园、新疆吐鲁番坎儿井农业系统等景观展示,设计了浙江青田人鱼互动动漫场景、云南红河哈尼梯田3D地画等项目,设置观众手机扫码听解说导览系统,还可手机扫码网购农业文化遗产地特色产品。整体上动静结合,展览可听、可看、可玩、可买的"一条龙"服务。

总之,农业技术类遗产就是要唤起观众对已经远去的传统农业知识的了解,对于日常生活中还可见到的农业技术体验参与,最终让大家觉得农业就在我们身边,与我们息息相关。

二十二　展陈时如何有效保护展品？

现实中，我们往往更重视收藏在库房藏品的静态保护，对展厅中展品的动态保护重视不足，这便加大了文物遭受损害的可能性，对文物的安全构成了潜在威胁。因此，在保证展览效果的同时，切忌忽视展品自身的安全因素，务必要确保文物在任何地点都是安全的。

展品从库房到展厅，是一个从静态（库房）到动态（运输包装）再到静态（展厅）的过程，它所处的环境和温湿度也在不断变化中。严格意义上讲，展品从库房相对恒定的存放环境，移动到展厅被布展在展柜里时，就可能会对其造成轻微影响。这是由于展品从密闭空间到了一个面向公众开放的大环境中，温湿度、光照等要素都很难控制。考虑到展厅是面向公众开放的，出于规避展品风险等因素的考虑，展品通常被会被放置到展柜中，这是一个空间相对密闭的小环境，昼夜温湿度的差异都可能使展品受到损害。为避免展品遭受破坏，至少要加强如下几方面的保护。

首先，要增强展柜的密闭性。良好的密闭性是控制展柜内部环境的保证，使柜内环境不受柜外环境影响。密闭性好的展柜除了能有效控制温湿度，还能防尘、防有害物质的入侵，对展品保护十分重要。当然，密闭性也是展柜质量好坏的一个重要标准，是挑选展柜时的重要依据。

其次，要做到恒温恒湿。在展柜的小空间内可以加装恒温恒湿机，运用智能化控制来保证温度、湿度稳定在要求范围之内，为展品提供一个相对稳定的温湿度条件。当温湿度超过要求范围时，温湿度控制仪能自动开启调节功能，使之有效保护展品。如纸质文献，考虑到纸张本身的特性，湿度太低，纸张脱湿，会导致纸张发脆，容易折断、撕裂。而湿度太高，纸张受潮，会导致纸张的发霉。纺织绣品等对温湿度也较为敏感。

再次，展柜灯光要符合要求。展柜内通常使用人工光源，即用灯具来灵活调节光源以及光照度，营造陈列展览的氛围，突出展品。但灯具在发光的同时也会发热，特别是传统光源，发热量大，光辐射的有害成分高，有悖于文物保护原则。因此，展柜要采用低温无紫外线、无红外线的灯光照明，避免对展品造成损坏，对于红外线、紫外线等辐射较强的光源，应实行过滤处理。

当然，展柜具备防火、防震等性能也很重要，在发生火灾、地震的时候，可以很好地保护展品，给救援争取更多时间，可以把损失降到最低，确保展品的安全性。

五、教育传播篇

一 非物质文化遗产博物馆教育活动包括哪些内容？

教育是博物馆的主要功能之一，而举办多样的教育活动是实现教育功能的有效手段和途径。

非物质文化遗产博物馆教育活动主要有讲解、讲座、社教活动、教育课程等。

讲解是最基本、最常见的教育方式，就是用通俗的语言、深入的解析、独到的思考，引导观众获得知识，并产生深刻认识。博物馆一般都有专职讲解员，还有志愿者提供讲解服务。观众也可以租赁自助导览设备。

讲座是较为常见，也是容易实现的方式，大多是配合展览等举办，有相对专业的，也有聚焦于非遗科普的。如中国非物质文化遗产馆为配合"中华瑰宝展——中国非物质文化遗产和工艺美术展"展览开幕，邀请国家级非物质文化遗产代表性项目古琴艺术代表性传承人进行"旷古遗音——人类非物质文化遗产古琴艺术"的专题讲座。

社教活动最为灵活多样，只要有好的主意，就可以随时实施。有的博物馆设立了专门的活动空间，有的叫儿童体验空间，有的叫非遗体验区等。有很多表演艺术都是非物质文化遗产,因此举办演出活动是最直接、也是最受观众欢迎的社教形式。昆曲是现存的中国最古老的剧种之一,被联合国教科文组织列为第一批"人类口头和非物质遗产代表作"。为了让公众不仅能看昆曲展览,也能欣赏到昆曲艺术,中国非物质文化遗产馆曾邀请北方昆曲剧院在一层多功能厅演出昆曲经典剧目《牡丹亭》。"中秋节"是国家第一批非物质文化遗产代表性项目。为更好传承中华优秀传统文化,中国非物质文化遗产馆特意在中秋节期间,举办"月满中秋,相约两馆"系列文化活动,让传统佳节更添文化氛围。另外,博物馆也会开展系列活动,扩大影响力。中国非物质文化遗产馆推出的"中国巧手"美育系列社教活动,从非物质文化遗产中选取有代表性的项目,每期邀请相关领域的非物质文化遗产传承人亲自讲解、示范创作,开展不同主题的社教活动。

教育课程相较单场活动更具体系性、知识性。如长沙市雨花区非遗馆组织活字印刷、湖湘剪纸、湘西竹编、陶艺、棕榈编、茶艺、花艺、华服、皮影戏、压花等 11 项优秀传统文化课程进入学校,每个项目以学年为单位开设社团课,为中小学校量身打造了非遗特色精品课堂。

二 为什么要在大中小学设立小型非遗专题博物馆？

美育是审美教育、情操教育、心灵教育，也是丰富想象力和培养创新意识的教育，能提升审美素养、陶冶情操、温润心灵、激发创新创造活力。为进一步强化学校美育育人功能，构建德智体美劳全面培养的教育体系，政府特别重视并改进新时代学校美育工作。

2020年，中共中央办公厅、国务院办公厅印发《关于全面加强和改进新时代学校美育工作的意见》，明确鼓励有条件的地区在中小学校建设美育场馆，与周边学校和社区共用共享。加强高校美育场馆建设，鼓励有条件的高校与地方共建共享剧院、音乐厅、美术馆、书法馆、博物馆等艺术场馆。配好美育教学所需器材设备，建立美育器材补充机制。《国家教育事业发展"十四五"规划》也强调将传统艺术形态融入高校美育课程体系。

为更好地发挥非遗在学生中的美育教育功能，有些学校在校园创建小型非遗专题博物馆，大中小学校，甚至幼儿园都在积极尝试，让非遗与课程教学结合起来。浙江宁波象山县西周镇下沈幼儿园里开设了一座以泥金彩漆、石头画、竹艺为主题的"本土非遗馆",孩子们可以画石头画、做竹编、体验草木染技艺。华南师范大学附属小学非遗博物馆展示古琴艺术、龙舟说唱、民族扎染等几十种非遗文化,还集中展示了学生们的非遗作品,让优秀传统文化在每个孩子心中生根发芽。在烟台工程职业技术学院非遗艺术博物馆,学生们以选修课的形式,跟随非遗大师们学习汉服制作、金石篆刻、剪纸、面塑、彩塑、版画、葫芦、掐丝等技能,共同探索非遗传承的多种可能性。

在学校设立小型非遗专题博物馆,既能让非遗重新焕发活力,也能丰富校园的美育生活,让校园博物馆成为学生们足不出校就能参与的"美育课堂",在激发学生们学习兴趣的同时,提升学生们对传统文化的理解,增强学生们的文化自信与自豪感。

三 如何认识非物质文化遗产博物馆的观众？

俗话说"知己知彼，百战百胜"，博物馆要想做好公共文化服务，那自然就要了解我们的服务对象。最新数据显示，2022年我国博物馆接待观众5.78亿人次。这么多观众都是什么样的？他们出于什么目的来到博物馆？有没有可能挖掘出更多的潜在人群，并让他们走进博物馆，成为我们的观众？

传统上，我们认为博物馆观众是直接体验博物馆环境的行为人的集合体。简单地说，就是这部分人是在主客观因素影响下来到博物馆，并完成博物馆的体验的。这其实只是狭义的博物馆的观众，即线下的显在观众。随着博物馆内涵、外延的不断扩展，我们认识观众的范畴也应进行一定的改变。其实，有些观众本人并未来到博物馆，这群人常常是通过网络、出版物、广播或影视等渠道，获得有关博物馆的知识与信息的，这部分人实际上同样是在享受博物馆的公共文化服务。这群人未来也有很大的可能走进博物馆，所以被称为潜在观众，也称间接观众。随着数字博物馆、网上展览等兴起与发展，公众只要有网络，使用电脑或智能手机就可以随时访问，成为博物馆的线上观众。

从参观频率看，我们也可区分认识观众。经常观众就是经常参观博物馆，通常每年有3次以上参观经历的观众，这些观众可以说是博物馆的"铁粉"。一旦博物馆有新的临时展览或教育活动，他们都会参加。偶然观众是不经常去博物馆，每年可能有一两次，有时也并非主观意愿主动到博物馆来，可能是单位、学校组织参观，或陪朋友偶尔来逛逛。当然，也有"知而不来"的人，这部分人也不能说绝对不是博物馆观众，只是他们对博物馆还不认同或目前还不需要博物馆的服务，但将来也许同样会走进博物馆。

从参观目的看，有专业观众、普通观众，也有游览欣赏者。专业观众是指与非物质文化遗产、工艺美术、历史、文化等领域相关的科研、教育工作者。他们的主要目的是利用博物馆资料，因此对博物馆的专业性要求较高。我们要谨慎对待这类观众，稍有不慎，展览中的小错误可能都会被"挑刺儿"。普通观众就是抱着一定的学习目的来到博物馆，了解知识，开拓眼界。游览欣赏者就是没有很强的学习目的，来到博物馆主要是游览休闲娱乐，当然，最后或多或少都会有所收获。

当然，我们还有肢残人士、智力障碍人士、老年人等特殊群体观众。对于博物馆而言，我们更要一视同仁，为所有愿意利用博物馆资源的公众提供便利。

四 什么是"馆校合作"？

馆校合作就是非物质文化遗产博物馆与学校的合作。博物馆是非正式教育机构，馆校合作是促进博物馆发挥教育功能的重要方式，为博物馆提供了更为广阔的天地。学校是正式教育机构，馆校合作为学校提供了更加丰富的教育资源。两者通过合作实现教育这个共同目标，因此合作是水到渠成、一拍即合的。

这些年，"馆"和"校"这两个合作主体的外延都在扩展。以往参与的馆都是人力、物力、财力上有优势的大馆，但随着馆校合作的理念、方法及技术手段的不断发展等因素，各种小馆也加入进来。以往在开展馆校合作的学校，往往是幼儿园、小学、中学，而这两年中职教育、高等职业教育、大专院校等学校也都投入到了馆校合作中。

馆校合作既可以请进来，使博物馆成为"大课堂"，学校组织学生走进非物质文化遗产博物馆进行现场教学，让学生身临其境感受非遗魅力，也可以"走出去"，使学校成为"万花筒"。博物馆通过多样的课程为学校带来多彩的非物质文化遗产体验。

南京市非物质文化遗产博物馆是研究、展示、保护南京非物质文化遗产的专业性博物馆,是传播优秀传统文化的生动课堂。南京市第九初级中学以南京市非物质文化遗产博物馆的本土非遗资源设计的校本美术课程已进入课堂。"双减"之后,很多学校都积极与博物馆对接,合作开展课后服务。长沙市雨花区非物质文化遗产馆通过"三点半课程""社团课程""非遗公开课"等课堂形式,以"校园非遗日""一所学校拯救一项非遗技艺"为主题,将非遗转化为系统量化课程输入中小学校。西安市非物质文化遗产博物馆走进灞桥区华清路小学的"非遗保护 中国实践"主题活动,通过现场演示、辅导,传授,与同学们互动等丰富多彩的活动形式,激发起学生们关注、学习、传承本土优秀民间文化艺术的热情。

以前的馆校合作基本上都是博物馆相对主动,一厢情愿,有时甚至不受学校欢迎。但随着双方都有所受益,学校也越来越主动,这样的"两情相悦"肯定会让馆校合作越办越好。

五 什么是"研学"？如何做好"研学"工作？

2013年，《国民旅游休闲纲要（2013—2020年）》提出了"逐步推行中小学生研学旅行"的新思路。随后，又有一系列政策的出台，研学旅行开始受到教育界、旅游界和学生家长们的普遍关注。虽然这是一个新出现的词汇，但却历史悠久，由我国古代的游学、近代的修学，逐步演变发展而来。

非物质文化遗产博物馆逐渐成为研学的重要目的地，有的甚至还被直接授予研学基地。博物馆研学成为热潮，但孩子们到博物馆热闹过后，到底有没有学到东西至关重要。研学如果搞不好，就很容易走偏，其结果是玩没玩好、学也不到位。研学强调的是研习、学习。古人说"读万卷书，行万里路"，已经很好地说出了研学的方法和途径。"游学合一"只是初级阶段，"知行合一"才是研学的真谛。

那博物馆如何才能做好研学工作呢？

第一，要注重本土化。非物质文化遗产博物馆反映的是当地的非物质文化遗产，设计时一定要尽可能地进行本土化设计，让学生们感受到当地的非遗特色。现在，拓印、扎染等非遗相关的手工活动较受欢迎，有的馆抛弃了自己的特色，将这些相关的不相关的非遗项目一股脑地塞进研学活动，没有考虑当地特色，缺乏差异性。

第二，要创造代入感。非物质文化遗产虽然来源于生活，但有些离孩子们的现实生活还是有点儿距离的，以前甚至从未接触过。所以如何将非遗与生活联系起来，代入到孩子们的认知中，是需要在设计研学活动时考虑的。如在研学活动中，让孩子们利用传统纺织技术创作新的文具盒，通过剪纸、面塑创作冰墩墩、雪容融这些孩子们非常熟悉又喜欢的现代形象。

第三，要增强体验感。如何提升孩子们对于博物馆的兴趣、提升他们的参与度，是每一个研学活动开发者需要思考的问题。虽然非物质文化遗产博物馆的一些内容是"死"的，但研学活动必须是鲜活的。对于孩子们而言，看到的、听到的可能很快就会忘记，但亲自动手做过的一定记忆深刻。因此，研学不是简单地到博物馆游览一圈，而是要深入参与、深度互动。

总之，既然博物馆是研学的重要场所，面对研学热，博物馆应积极应对，通过不断自我革新，充分发挥出自己的教育职能，为研学团队带来高质量的服务，让研学的参与者获得更多的文化体验，实现研学效果的最优化。

六 在非物质文化遗产博物馆适合哪些手工技艺展演？

《"十四五"文化和旅游发展规划》提出要大力发展非遗旅游、研学旅游，推出一批具有鲜明非遗特色的主题旅游线路、研学旅游产品。非物质文化遗产博物馆的内容涵盖各类非遗项目，哪些项目更适合与研学旅行结合起来，既能促进非遗的保护传承，又能发挥出非遗与研学旅行的育人价值呢？

工艺美术在非遗研学中占据重要位置，如剪纸、织绣、印染、陶瓷器制作等都是手工技艺，都能融入到研学活动中。面对青少年学生，要注重对他们手工兴趣和动手能力的培养，把这些动手性较强的项目转化为非物质文化遗产博物馆中的研学活动，让孩子们积极参与其中，传播、传承中华优秀传统文化。

最理想的是孩子们研学时可以体验手工技艺的全过程，这对于一些流程相对简单的项目来说比较容易实现。如传统工艺美术中的剪纸，国家级非遗项目在全国各地就有五十多个，如扬州剪纸、乐清剪纸、蔚县剪纸、广灵染色剪纸、广东剪纸、高密剪纸、灵宝剪纸等。剪纸的流程相对简单，图案可繁可简，一些图案容易掌握，较能引起孩子们的兴趣。最后出来的剪纸作品也会让孩子们成就感"爆棚"。

织绣、印染、陶瓷器在日常生活中经常见到,也是能引起孩子兴趣的项目类型。纺织、拉坯、装饰都具有很强的动手性,在介绍完非遗项目后,孩子们就可以动手操作了。我们还可以抽取织绣、印染、陶瓷器制作中的某一个流程,作为短期研学中的一个活动。也可以将整个完整流程贯穿在几天内完成,如陶瓷器制作,在拉坯过后,第二天孩子们还可以体验烧制环节。最重要的是,孩子们还可以在原有非遗项目的基础上,进行二次创作,甚至把不同的非遗项目结合起来,串联成更加有趣的活动。如印染,在印染完蓝印花布后,孩子们还可以使用自己制作的印染布制作布偶、文具袋等,传统技艺与思维创新相融合,创造出全新的作品。

总之,动手性强、某个工艺环节相对简单、有可供孩子们带走的作品,这些项目都是适合进行研学活动的手工技艺。

七 如何与第三方社会机构合作开展非遗研学活动？

当下,"博物馆热"高温持续不下。非物质文化遗产博物馆由于人力、物力的不足，有时不可能应付大规模的研学等活动，特别是寒暑假期间困难更是突出。另外，绝大多数的非物质文化遗产博物馆是免费开放的，一些社会教育机构嗅到商机，利用博物馆的免费资源开展各种各样的教育活动。

但一些社会机构由于并不专业，活动导师都是兼职的大学生，戏说讲解、只玩不学等现象随之而来，不仅参与者不能获得真正的知识，也给博物馆的管理和运营带来很大麻烦。有时甚至会造成部分博物馆对第三方社会机构的抵制，如禁止它们在博物馆开展活动等。然而，博物馆实践下来发现"只堵不疏"是下策，只有合理引导、合作共赢，才是上策。那么博物馆与社会第三方如何合作呢？其实很简单，专业的人干专业的事。

博物馆是教育机构，具有一大批教育学、博物馆学、考古学、历史学、美术学、非遗学等背景的专业工作人员，因此博物馆应该把握专业性。社会机构由于要生存，要开拓市场、积极营销是它们的优势，并且这些机构往往拥有大批客源。"专业+市场"定会带来不一样的效果。

注重活动内容研发。内容要结合研学活动所在非物质文化遗产博物馆的特色，充分利用非物质文化遗产博物馆的资源，以生动有趣的形式引导学生学习非遗技艺及其背后的故事，在学习中提升学生们的探索能力。内容最好与学生在学校所学内容有交叉，让学生能够产生联系，帮助学生更全面、更深入地理解非遗。

充分重视观众特点。参与活动的有小学低年级、小学高年级、中学生等不同学段的学生，他们的知识储备和认知特点都有很大差别，所以没有一个活动是万能的、放之四海而皆准。活动研发要结合教育对象的特点，对活动的参与对象进行细化，研发不同的教育活动，在组织活动时也要尽量将相近年龄段的孩子放在一起，以保证教育质量。

重视人才队伍培养。非物质文化遗产博物馆教育人员与社会机构人员各有千秋，要相互学习。非物质文化遗产博物馆教育人员要更接地气，跟社会机构人员学习沟通及组织活动的技巧，社会机构人员要提高自己的专业水平。每位研学人员都要在教育别人的同时也不断自我"充电"，做到"一专多能"。

相信经过非物质文化遗产博物馆与社会机构的共同努力，研学活动对于公众来说一定是"学有所知、学有所值"。

八 什么是博物馆文创产品?

故宫博物院出品的口红一支难求,各大博物馆文物造型的冰激凌供不应求……近些年,"博物馆文创产品"成为热词,引领了公众的文化消费。究竟什么是博物馆文创产品?博物馆文创产品包含哪些内容?

文创产品是指将文化思维与创意思维相结合,进行产品设计研发,生产出具有文化内涵、美学特征的产品,并将产品推向市场,产生一定的经济效益。博物馆文创产品,全称"博物馆文化创意产品",就是利用博物馆藏品的造型、纹饰等相关文化资源或元素研发的产品。常见的名称还有博物馆文化产品、博物馆衍生品、博物馆纪念品、博物馆商品等,在实际运用中,我们对这几个词汇没有严格区分。

博物馆文创产品可以从广义和狭义两个方面进行理解。狭义的博物馆文创产品指的是以博物馆藏品为创意基础研发的有形产品,如丝巾、U盘、冰箱贴、书签、日记本等。广义的博物馆文创产品既包括实物产品,也包括博物馆开发的APP应用、小游戏、数字藏品等无形产品。它们虽然形式不同,但共同的特征是通过产品传播博物馆文化,实现博物馆价值。

非物质文化遗产博物馆的文创产品更具有特殊性。因为有的非物质文化遗产制成品本身就有实物产品，那这样的产品是不是文创产品呢？

非物质文化遗产制成品与文创产品的最大区别就是是否利用非遗经过二次创作。非物质文化遗产中的传统戏剧、传统音乐，我们如果选择昆曲经典剧目的人物形象，将其印制在书包、文具盒上，将迷你版竹笛、二胡等制作成钥匙扣，这些自然是文创产品。"非物质文化遗产＋文化创意"可以让非遗更具有活力，更时尚，更能吸引大众的眼球。

非物质文化遗产中的传统美术类别，非遗技艺的呈现形式就是工艺产品。剪纸作为非物质文化遗产，一幅幅剪纸作品本身就是艺术品。这样的作品是否是文创产品呢？可以算是文创产品，但不是严格意义的文创产品，因为"文化"够了，但"创新"不足。但若是利用非遗技艺进行创新，如基于传统剪纸图案研发产品，或用剪纸技艺在创作材质上进行创新，那这肯定属于文创产品。

非物质文化遗产博物馆的文创产品应该充分发挥非遗本身的特性，最终让产品更丰富，更多彩。但始终要记得"文"是根本，"创"是卖点，不能顾此失彼。

九 非物质文化遗产博物馆如何进行 IP 授权？

IP，即 intellectual property，译为"知识产权"。IP 授权就是 IP 所有者（版权方）或是其代理商将 IP 授权给商家使用。商家可以在一定时间、一定条件下使用该 IP 赢利。

博物馆文创产品这些年广受欢迎，但由于其开发包括了研发、生产、销售，不仅需要文化上的好创意，也需要市场的敏锐性，在这个问题上博物馆有点"力不从心"。博物馆有资源，文化公司有财力、有市场，如果两者资源能够结合，就能弥补各自的劣势。因此，博物馆进行 IP 授权是形势发展的需要。

从授权方式上，有直接授权和委托授权两种。直接授权是由博物馆直接对接被授权机构，比如设计公司、动漫游戏公司等。委托授权是指博物馆通过第三方委托代理机构与被授权方接洽，由第三方代理机构作为中介代表，博物馆作为授权方，将博物馆具有产权的馆藏资源直接或经过一定的设计加工后，授权给被授权方。一般规模较大、馆藏资源较为丰富、管理体系较为成熟的博物馆，都会采用直接授权模式。而中小博物馆由于没有时间、人员与被授权方接洽，所以谈判、拟定授权合同、监督合同等工作，通常都会交给第二方负责,这样做的好处是降低授权工作的难度。但委托授权模式对博物馆而言存在一定风险。博物馆若要采用,需要用严谨的合同等维护自己的利益,不要被卖了还帮别人数钱。

从授权程序看,第一,博物馆要梳理馆藏资源,挖掘自身馆藏文物元素,弄清自己的家底。第二,博物馆要明确授权合作的方向和具体的使用方案,对外发布公开征集合作对象的信息,在征集信息中要明确对合作对象的最低要求及合作的相关信息。第三,选择合适的被授权方。从公司的业务范围、规模实力、品牌文化、形象信誉、销售渠道、有无授权合作经验等因素考虑,选择最有实力的合作公司。第四,合作洽谈,包括授权方式、授权期限、双方的权利义务、产权归属等。第五,签订合同。

文创部门要做好授权工作并非易事,不仅要对馆藏资源、专业知识有充分的认知,还要懂得知识产权、著作权等法律知识。最重要的,在授权后,博物馆应及时掌握授权产品的相关动态,监督公司在生产流通环节是否严格按照合同约定执行,必要时给予相应的指导与帮助。

附录　中国非物质文化遗产博物馆名录

序号	所在省	所在市	博物馆名称	非遗项目
1	北京市	北京市	中国工艺美术馆、中国非物质文化遗产馆	综合
2	北京市	北京市	北京龙顺成京作非遗博物馆	综合
3	北京市	北京市	北京空竹博物馆	北京抖空竹技艺
4	北京市	北京市	北京二锅头酒博物馆	北京红星二锅头酒酿制技艺
5	北京市	北京市	中国景泰蓝艺术博物馆	景泰蓝技艺
6	北京市	北京市	北京百工博物馆	综合
7	北京市	北京市	京彩瓷博物馆	京彩瓷技艺
8	北京市	北京市	北京果脯博物馆	北京果脯制作技艺
9	北京市	北京市	93号院博物馆	综合
10	北京市	北京市	盛锡福中国帽文化博物馆	盛锡福皮帽制作技艺
11	北京市	北京市	全聚德展览馆	全聚德挂炉烤鸭技艺
12	天津市	天津市	天津市联升斋刺绣艺术博物馆	联升斋刺绣
13	天津市	天津市	天津杨柳青木版年画博物馆	杨柳青木版年画
14	天津市	天津市	泥人张美术馆	泥塑（天津泥人张）
15	天津市	天津市	十八街麻花文化馆	桂发祥十八街麻花制作技艺
16	河北省	衡水市	衡水内画艺术博物馆	衡水内画

序号	所在省	所在市	博物馆名称	非遗项目
17	河北省	衡水市	武强年画博物馆	武强木版年画
18	河北省	衡水市	中国裘都非遗博物馆	裘皮文化
19	河北省	衡水市	中国白酒地缸发酵博物馆	衡水老白干传统酿造技艺
20	河北省	沧州市	吴桥杂技博物馆	吴桥杂技
21	河北省	唐山市	滦南县评剧博物馆	评剧
22	山西省	太原市	安化黑茶国家非遗技艺展示中心	安化黑茶
23	山西省	晋中市	平遥唐都推光漆艺博物馆	平遥推光漆器髹饰技艺
24	山西省	晋中市	平遥牛肉博物馆	冠云平遥牛肉传统加工技艺
25	山西省	大同市	广灵剪纸艺术博物馆	广灵剪纸
26	山西省	临汾市	临汾臻美刺绣艺术博物馆	晋南手绣
27	山西省	临汾市	临汾市平阳木版年画博物馆	平阳木版年画
28	内蒙古自治区	呼和浩特市	非遗成果展示馆	综合
29	内蒙古自治区	呼和浩特市	内蒙古马头琴艺术博物馆	马头琴传统音乐
30	内蒙古自治区	呼和浩特市	内蒙古国际蒙医蒙药博物馆	蒙医药（赞巴拉道尔吉温针、火针疗法）
31	内蒙古自治区	通辽市	扎鲁特旗乌力格尔博物馆	乌力格尔

序号	所在省	所在市	博物馆名称	非遗项目
32	内蒙古自治区	呼伦贝尔市	敖鲁古雅鄂温克族驯鹿文化博物馆	敖鲁古雅鄂温克驯鹿习俗
33	辽宁省	沈阳市	辽宁非遗体验馆	综合
34	辽宁省	辽阳市	辽阳市江官窑博物馆	江官窑陶瓷雕塑手工技艺
35	辽宁省	鞍山市	岫岩非遗博物馆	综合
36	吉林省	长春市	吉林省东北二人转博物馆	东北二人转
37	吉林省	辽源市	东辽县民俗博物馆	综合
38	吉林省	松原市	前郭尔罗斯查干湖渔猎文化博物馆	查干淖尔冬捕习俗
39	吉林省	图们市	中国朝鲜族非物质文化遗产展览馆	综合
40	吉林省	吉林市	吉林市闯关东葡萄酒博物馆	长白山野生山葡萄酒手工酿造技艺
41	黑龙江省	哈尔滨市	哈尔滨三五非遗博览馆	综合
42	黑龙江省	佳木斯市	黑龙江佳艺鱼皮文化博物馆	赫哲族鱼皮制作技艺
43	上海市	上海市	童涵春堂中药博物馆	童涵春堂中药炮制技艺
44	上海市	上海市	高桥绒绣馆	上海绒绣
45	上海市	上海市	上海周虎臣曹素功笔墨博物馆	周虎臣毛笔制作技艺、曹素功墨锭制作技艺
46	江苏省	南京市	南京博物院非遗馆	综合

序号	所在省	所在市	博物馆名称	非遗项目
47	江苏省	南京市	南京秦淮非遗馆	综合
48	江苏省	南京市	金陵竹刻艺术博物馆	竹刻（金陵竹刻）
49	江苏省	南京市	南京金都金箔技艺博物馆	南京金箔锻制技艺
50	江苏省	南京市	南京云锦博物馆	南京云锦木机妆花手工织造技艺
51	江苏省	苏州市	苏州非物质文化遗产馆	综合
52	江苏省	苏州市	相城非遗馆	综合
53	江苏省	苏州市	苏州巧生炉博物馆	传统铜炉制作技艺
54	江苏省	苏州市	中国苏绣艺术博物馆	苏绣
55	江苏省	苏州市	苏州市苏帮菜餐饮文化博物馆	苏帮菜烹制技艺
56	江苏省	苏州市	太仓江南丝竹馆	江南丝竹
57	江苏省	苏州市	昆曲博物馆	昆曲
58	江苏省	苏州市	苏州评弹博物馆	苏州评弹苏州评弹（苏州评话、苏州弹词）
59	江苏省	苏州市	苏州桃花坞木版年画博物馆	桃花坞木版年画
60	江苏省	苏州市	苏州丝绸博物馆	宋锦织造技艺
61	江苏省	苏州市	苏州御窑金砖博物馆	苏州御窑金砖制作技艺
62	江苏省	苏州市	雷允上中医博物馆	雷允上六神丸制作技艺

序号	所在省	所在市	博物馆名称	非遗项目
63	江苏省	苏州市	甪直水乡妇女服饰博物馆	苏州甪直水乡妇女服饰
64	江苏省	无锡市	无锡阳山桃文化博览馆	无锡阳山水蜜桃栽培系统
65	江苏省	无锡市	无锡中国泥人博物馆	泥塑（惠山泥人）
66	江苏省	无锡市	无锡市锡剧博物馆	锡剧
67	江苏省	常州市	常州市孟河医派博物馆	孟河医派
68	江苏省	常州市	常州市龙城梳篦博物馆	常州梳篦
69	江苏省	常州市	常州白氏留青竹刻博物馆	竹刻（常州留青竹刻）
70	江苏省	常州市	常州市陈亚先乱针绣博物馆	苏绣（常州乱针绣）
71	江苏省	徐州市	徐州市非物质文化遗产馆	综合
72	江苏省	扬州市	扬派盆景博物馆	盆景技艺（扬派盆景技艺）
73	江苏省	南通市	南通飞响板鹞博物馆	风筝制作技艺（南通板鹞风筝）
74	江苏省	南通市	南通蓝印花布博物馆	蓝印花布印染技艺
75	江苏省	镇江市	镇江醋文化博物馆	镇江恒顺香醋酿制技艺
76	江苏省	连云港市	连云港市民俗博物馆（连云港市非物质文化遗产博物馆、连云港市非物质文化遗产保护中心）	综合

序号	所在省	所在市	博物馆名称	非遗项目
77	江苏省	盐城市	江苏淮剧博物馆	淮剧
78	浙江省	杭州市	杭州万事利丝绸文化博物馆	蚕丝织造技艺（杭州织锦技艺）
79	浙江省	杭州市	张小泉博物馆	张小泉剪刀锻制技艺
80	浙江省	杭州市	杭州胡庆余堂中药博物馆	胡庆余堂中药文化
81	浙江省	杭州市	浙江朱炳仁铜雕艺术博物馆	铜雕技艺
82	浙江省	杭州市	中国刀剪剑博物馆	综合
83	浙江省	杭州市	王星记扇博物馆	制扇技艺（王星记扇）
84	浙江省	金华市	金华市木版年画博物馆	木版年画
85	浙江省	金华市	东阳市博物馆（中国木雕博物馆）	东阳木雕
86	浙江省	金华市	婺剧博物馆	婺剧
87	浙江省	金华市	金华火腿非遗馆	金华火腿腌制技艺
88	浙江省	绍兴市	诸暨市香榧博物馆	香榧采制技艺
89	浙江省	绍兴市	中国黄酒博物馆	黄酒制作工艺
90	浙江省	绍兴市	绍兴非物质文化遗产馆	综合
91	浙江省	绍兴市	柯桥区非物质文化遗产馆	综合
92	浙江省	湖州市	湖州市南浔区辑里湖丝博物馆	蚕丝织造技艺（辑里湖丝手工制作技艺）

序号	所在省	所在市	博物馆名称	非遗项目
93	浙江省	湖州市	湖州市徐缘桑基鱼塘系统历史文化博物馆	浙江湖州桑基鱼塘系统
94	浙江省	湖州市	南浔非遗馆	综合
95	浙江省	湖州市	湖笔博物馆	湖笔制作技艺
96	浙江省	温州市	温州叶同仁中医药博物馆	叶同仁中药炮制技艺
97	浙江省	温州市	温州夹苎漆器博物馆	干漆夹苎技艺
98	浙江省	温州市	乐清市非物质文化遗产馆	综合
99	浙江省	温州市	温州市非物质文化遗产馆	综合
100	浙江省	温州市	青田县石雕博物馆	青田石雕
101	浙江省	海宁市	海宁市非物质文化遗产馆	综合
102	浙江省	宁波市	宁波非遗保护展示中心	综合
103	浙江省	宁波市	宁波市海曙区赵大有宁式糕点博物馆	宁式糕点
104	浙江省	宁波市	宁波市鄞州区千工甬式家具博物馆	甬式家具制作技艺
105	浙江省	宁波市	宁波市奉化区布袋弥勒博物馆	布袋和尚传说
106	浙江省	宁波市	浙江省浙东越窑青瓷博物馆	越窑青瓷烧制技艺
107	浙江省	宁波市	宁海县十里红妆博物馆	宁海十里红妆婚俗

序号	所在省	所在市	博物馆名称	非遗项目
108	浙江省	宁波市	宁波市甬剧研究传习中心	甬剧
109	浙江省	宁波市	宁波市鄞州区朱金漆木雕艺术馆	宁波朱金漆木雕
110	浙江省	宁波市	宁波市鄞州区金银彩绣艺术馆	宁波金银彩绣
111	浙江省	宁波市	梁祝文化博物馆	梁祝传说
112	浙江省	宁波市	奉化区非物质文化遗产馆	综合
113	浙江省	嘉兴市	硖石灯彩馆	硖石灯彩
114	浙江省	嘉兴市	海宁皮影戏馆	海宁皮影
115	浙江省	台州市	台州市台绣刺绣博物馆	台州刺绣
116	浙江省	台州市	临海市台州府城刺绣博物馆	台州刺绣
117	浙江省	台州市	台州刺绣博物馆	台州刺绣
118	浙江省	台州市	张秀娟剪纸博物馆	临海剪纸
119	浙江省	丽水市	丽水市处州青瓷博物馆	龙泉青瓷烧制技艺
120	浙江省	丽水市	龙泉青瓷博物馆	龙泉青瓷烧制技艺
121	浙江省	丽水市	龙泉宝剑博物馆	龙泉宝剑锻制技艺
122	安徽省	黄山市	黄山市徽州雕刻博物馆	徽州三雕
123	安徽省	黄山市	歙县新安国医博物馆	中医诊法（张一帖内科疗法）

序号	所在省	所在市	博物馆名称	非遗项目
124	安徽省	黄山市	歙县古徽州雕艺博物馆	徽州三雕
125	安徽省	黄山市	安徽省祁门红茶博物馆	祁门红茶制作技艺
126	安徽省	黄山市	黄山市徽州区谢裕大茶文化博物馆	绿茶制作技艺(黄山毛峰)
127	安徽省	黄山市	歙县鲍家花园徽派盆景艺术博物馆	盆景技艺(徽派盆景技艺)
128	安徽省	黄山市	黄山市徽州糕饼博物馆	徽州烧饼制作技艺
129	安徽省	黄山市	徽剧博物馆	徽剧
130	安徽省	芜湖市	芜湖市徽派织绣博物馆	芜湖挑花技艺
131	安徽省	芜湖市	芜湖赭山铁画博物馆	芜湖铁画锻制技艺
132	安徽省	安庆市	黄梅戏博物馆	黄梅戏
133	福建省	福州市	福建省非物质文化遗产博览苑	综合
134	福建省	福州市	福建民俗博物馆	综合
135	福建省	福州市	福建省沈绍安漆艺博物馆	福州脱胎漆器髹饰技艺
136	福建省	莆田市	皂隶舞非遗艺术博物馆	皂隶舞
137	福建省	漳州市	漳州非遗展示中心	综合
138	福建省	泉州市	泉州非物质文化遗产馆	综合
139	福建省	泉州市	永春非遗文化馆	综合

序号	所在省	所在市	博物馆名称	非遗项目
140	福建省	泉州市	德化县陶瓷博物馆	德化瓷烧制技艺
141	福建省	南平市	邵武市华南镜画博物馆	玻璃银光刻
142	福建省	南平市	北苑建茶·建安盏双非遗展示馆	综合
143	江西省	南昌市	南昌市中国工艺美术大师博物馆	综合
144	江西省	景德镇市	景德镇皇窑陶瓷艺术博物馆	景德镇手工制瓷技艺
145	江西省	新余市	新余夏布绣博物馆	新余夏布刺绣
146	江西省	新余市	新余夏布绣博物馆	民间绣民间绣活（夏布绣）
147	江西省	抚州市	金溪县浒湾雕版印刷博物馆	金溪雕版印刷手工技艺
148	江西省	鹰潭市	鹰潭市黄蜡石艺术博物馆	信江黄蜡石雕刻技艺
149	江西省	上饶市	婺源非物质文化遗产展示馆	综合
150	山东省	济南市	济南市文化馆非遗展厅	综合
151	山东省	济南市	百脉泉酒文化展馆	百脉泉酒文化
152	山东省	济南市	山东黄石关孟姜女文化民俗博物馆	孟姜女传说
153	山东省	青岛市	青岛市即墨区即墨老酒博物馆	即墨老酒传统酿造工艺
154	山东省	青岛市	莱西市胶东花饽饽文化博物馆	莱西花饽饽技艺

序号	所在省	所在市	博物馆名称	非遗项目
155	山东省	青岛市	青岛市即墨区即墨花边博物馆	即墨花边传统手工技艺
156	山东省	聊城市	东阿膏方博物馆	中膏阿胶传统制作技艺和中膏膏方制作技艺
157	山东省	聊城市	阿胶博物馆	东阿阿胶制作技艺
158	山东省	烟台市	招远觐鋈金银工艺博物馆	金银工艺
159	山东省	烟台市	招远尚美绒绣博物馆	绒绣
160	山东省	潍坊市	昌乐县蓝宝石文化博物馆	昌乐宝玉石雕刻工艺、宝玉石加工技艺
161	山东省	潍坊市	青州市农民画博物馆	青州市农民画
162	山东省	潍坊市	高密市非物质文化遗产博物馆	综合
163	山东省	潍坊市	潍坊中恒杨家埠年画博物馆	潍坊杨家埠木版年画
164	山东省	潍坊市	潍坊鸢都红木嵌银漆器博物馆	潍坊红木嵌银髹漆技艺
165	山东省	淄博市	淄博金祥琉璃博物馆	博山琉璃胭脂红烧制技艺
166	山东省	枣庄市	枣庄市台儿庄区大运河蓝印花布博物馆	蓝印花布技艺
167	山东省	枣庄市	枣庄柳琴戏博物馆	柳琴戏
168	山东省	日照市	日照尧王文化博物馆	尧王传说
169	山东省	德州市	德州梁了黑陶博物馆	德州黑陶烧制技艺

序号	所在省	所在市	博物馆名称	非遗项目
170	山东省	德州市	武城县神龙地毯艺术博物馆	武城传统手工打结地毯技艺
171	山东省	威海市	威海市裕红祥丝绸文化博物馆	胶东民间山蚕茧古法纩丝技艺
172	山东省	临沂市	沂南红石寨非物质遗产博物馆	综合
173	河南省	郑州市	华夏非遗馆中原馆	综合
174	河南省	许昌市	禹州钧瓷文化博物馆	钧瓷烧制技艺
175	河南省	许昌市	禹州中医药文化博物馆	禹州中药加工炮制技艺
176	河南省	焦作市	太极拳博物馆	太极拳（陈氏太极拳）
177	河南省	洛阳市	洛阳真不同水席博物馆	真不同洛阳水席制作技艺
178	河南省	洛阳市	洛阳平乐正骨博物馆	中医正骨疗法（平乐郭氏正骨法）
179	河南省	洛阳市	洛阳市伊龙砖雕艺术博物馆	砖雕
180	河南省	洛阳市	洛阳唐三彩陶艺博物馆	唐三彩烧制技艺
181	河南省	洛阳市	洛阳三彩艺术博物馆	唐三彩烧制技艺
182	河南省	开封市	开封市素花宋绣博物馆	汴绣
183	河南省	开封市	兰考县非遗展示馆	综合
184	河南省	平顶山市	郏县任坚钧瓷艺术博物馆	钧瓷烧制技艺

序号	所在省	所在市	博物馆名称	非遗项目
185	河南省	平顶山市	河南鲁山非遗博物馆	综合
186	河南省	南阳市	宛梆戏曲艺术博物馆	宛梆
187	湖北省	武汉市	武汉非遗艺术博物馆	综合
188	湖北省	武汉市	长江非遗博物馆	综合
189	湖北省	武汉市	硚口非遗展示中心	综合
190	湖北省	武汉市	武汉杨楼子老榨坊博物馆	黄陂榨油技艺
191	湖北省	武汉市	武汉汉绣博物馆	汉绣
192	湖北省	武汉市	武汉蓝鼎和鼻烟壶博物馆	内画
193	湖北省	武汉市	扬子江非遗文化馆	湖北糕饼手工技艺
194	湖北省	荆州市	荆州市荆楚非物质文化遗产博物馆	综合
195	湖北省	宜昌市	宜昌三峡步步升布鞋博物馆	枝江民间手工布鞋
196	湖北省	咸宁市	咸宁市非物质文化遗产馆	综合
197	湖南省	长沙市	长沙市非遗展示馆	综合
198	湖南省	长沙市	雨花非遗馆	综合
199	湖南省	长沙市	九芝堂中医药博物馆	九芝堂传统中药文化
200	湖南省	湘西土家族苗族自治州吉首市	湘西非物质文化遗产馆	综合

序号	所在省	所在市	博物馆名称	非遗项目
201	湖南省	岳阳市	岳州窑遗址博物馆	岳州窑烧制技艺
202	湖南省	岳阳市	湖南嘉源砖茶博物馆	临湘青砖茶制作技艺
203	广东省	韶关市	韶关市隆盛酱园博物馆	酱油制作工艺
204	广东省	肇庆市	肇庆市梁焕明端砚艺术博物馆	端砚制作技艺
205	广东省	潮州市	太安堂麒麟丸非遗博物院	太安堂麒麟丸制作技艺
206	广东省	清远市	清远市文化馆非遗展馆	综合
207	广东省	深圳市	深圳市百师园非物质文化遗产博物馆	综合
208	广东省	汕尾市	陆丰皮影博物馆（陆丰市博物馆分馆）	皮影戏（陆丰皮影戏）
209	广东省	汕头市	汕头市潮剧艺术博物馆	潮剧
210	广东省	揭阳市	国家非遗青狮展馆	狮舞（青狮）
211	广东省	广州市	广州市松园广作家具博物馆	家具制作技艺（广式硬木家具制作技艺）
212	广东省	广州市	粤剧艺术博物馆	粤剧
213	广东省	广州市	陈李济中药博物馆	陈李济传统中药文化
214	广东省	广州市	潘高寿博物馆	潘高寿传统中药文化

序号	所在省	所在市	博物馆名称	非遗项目
215	广东省	东莞市	东莞市圣心糕点博物馆	月饼传统制作（广式月饼制作技艺）
216	广西壮族自治区	桂林市	桂林非物质文化遗产体验馆	综合
217	广西壮族自治区	柳州市	柳州市桂饼文化博物馆	广西桂饼技艺
218	广西壮族自治区	南宁市	广西壮锦博物馆	壮族织锦技艺
219	广西壮族自治区	南宁市	广西非遗馆	综合
220	海南省	三亚市	三亚南山非物质文化遗产博物馆	综合
221	重庆市	重庆市	云阳县非物质文化遗产博物馆	综合
222	重庆市	重庆市	重庆巴渝民间中医药博物馆	刘氏刺熨疗法
223	重庆市	重庆市	重庆川剧博物馆	川剧
224	重庆市	重庆市	长寿非遗文化馆	综合
225	重庆市	重庆市	荣绣苗绣非遗馆	综合
226	重庆市	重庆市	酉阳非遗民俗陈列馆	综合
227	四川省	成都市	四川省非物质文化遗产馆	综合
228	四川省	成都市	成都国际非遗博览园	综合

序号	所在省	所在市	博物馆名称	非遗项目
229	四川省	成都市	成都蜀绣博物馆	蜀绣
230	四川省	成都市	成都巴蜀汉陶艺术博物馆	巴蜀汉陶
231	四川省	成都市	成都蜀锦织绣博物馆	蜀锦织造技艺
232	四川省	成都市	成都瑞鑫汉陶艺术博物馆	巴蜀汉陶
233	四川省	成都市	成都皮影艺术博物馆	成都皮影
234	四川省	成都市	成都川剧艺术博物馆	川剧
235	四川省	成都市	唐昌布鞋非遗文化展示馆	唐昌布鞋
236	四川省	成都市	成都水井坊博物馆	水井坊酒传统酿造技艺
237	四川省	阿坝藏族羌族自治州	维强羌族银饰博物馆	羌族银饰锻造技艺
238	四川省	遂宁市	观音绣非遗博物馆	观音绣
239	四川省	泸州市	泸州河川剧艺术博物馆	泸州河川剧
240	四川省	泸州市	泸州老窖博物馆	泸州老窖酒酿制技艺
241	四川省	甘孜藏族自治州康定市	甘孜非遗博物馆	综合
242	四川省	德阳市	绵竹年画博物馆	绵竹木版年画
243	四川省	德阳市	广汉南丰非遗艺术博物馆	综合

序号	所在省	所在市	博物馆名称	非遗项目
244	四川省	宜宾市	川红非遗馆	川红功夫红茶制作技艺
245	四川省	宜宾市	五粮液酒文化博览馆	五粮液酒传统酿造技艺
246	四川省	南充市	四川王皮影艺术博物馆	川北王皮影
247	四川省	南充市	阆中丝毯博物馆	阆中丝毯织造技艺
248	四川省	乐山市	四川夹江手工造纸博物馆	夹江手工造纸
249	贵州省	贵阳市	贵州省非物质文化遗产博览馆	综合
250	贵州省	黔东南苗族侗族自治州	黔东南州太阳鼓苗侗服饰博物馆	苗绣
251	贵州省	黔东南苗族侗族自治州	黔东南州之荣侗医药博物馆	侗医药（过路黄药制作工艺）
252	贵州省	黔东南苗族侗族自治州	雷山县苗族银饰刺绣博物馆	银饰制作技艺（苗族银饰制作技艺）
253	贵州省	黔东南苗族侗族自治州	台江苗族刺绣博物馆	苗绣

序号	所在省	所在市	博物馆名称	非遗项目
254	贵州省	黔东南苗族侗族自治州	雷山西江春花苗族服饰刺绣博物馆	苗绣
255	贵州省	黔东南苗族侗族自治州	镇远县非遗展示馆	综合
256	贵州省	黔东南苗族侗族自治州	黔东南非物质文化遗产馆	综合
257	贵州省	黔东南苗族侗族自治州	地扪侗族人文生态博物馆	综合
258	贵州省	铜仁市	石阡县非遗博物馆	综合
259	贵州省	安顺市	贵州蜡染博物馆	蜡染技艺
260	云南省	红河哈尼族彝族自治州	哈尼梯田文化博物馆	云南哈尼族元阳梯田
261	云南省	大理白族自治州	大理市璞真白族扎染博物馆	白族扎染技艺
262	云南省	大理白族自治州	大理白族自治州非物质文化遗产博物馆	综合

序号	所在省	所在市	博物馆名称	非遗项目
263	云南省	大理白族自治州	大理非物质文化遗产博物馆	综合
264	云南省	保山市	腾冲市高黎贡手工造纸博物馆	傣族、纳西族手工造纸技艺
265	西藏自治区	拉萨市	西藏非物质文化遗产博物馆	综合
266	陕西省	西安市	陕西省非物质文化遗产陈列馆	综合
267	陕西省	西安市	西安市非物质文化遗产博物馆	综合
268	陕西省	西安市	西安市鄠邑区非物质文化遗产博物馆	综合
269	陕西省	西安市	西安市吉兆春皮肤医药博物馆	吉氏祖传顽肤净乳膏制药技艺
270	陕西省	渭南市	潼关酱菜博物馆	潼关酱菜
271	陕西省	汾阳市	汾酒博物馆	杏花村汾酒酿制技艺
272	陕西省	榆林市	陕北民歌博物馆	陕北民歌
273	甘肃省	兰州市	兰州非物质文化遗产陈列馆	综合

注：名录根据现有资料整理，遗漏在所难免，望见谅。